위기관리총서 시리즈

08

위기개입자 소진의 이해와 개입

현장에서의 위기개입워크북

육성필
강보경

박영story

일러두기

본 위기개입워크북과 매뉴얼에 제시되는 사례는 효과적인 교육과 훈련을 위해 집필진이 구성한 가상 사례이다. 현장에서의 실제 위기개입의 예를 보여주는 위기개입동영상은 출연진으로부터 저작과 영상물 이용에 대한 동의를 받아 제작하였다.

서 문

나는 병원에서 수련받은 임상심리학자로서 정신건강서비스 제공자의 역할을 시작했지만 자살을 포함한 다양한 유형의 위기를 접하게 되면서 위기관리에 관심을 갖고 위기와 관련된 다양한 교육, 연구, 프로그램 및 정책개발 등의 노력을 하게 되었다. 그동안 개별적으로 위기에 대한 학문적 관심에 따라 위기에 대한 연구를 하는 경우가 있었지만 개인의 관심에 따라 단편적 일회적인 경우가 많았다. 이로 인해 위기관리를 체계적이고 종합적으로 접근하는 데는 많은 한계가 있었다. 위기의 심각성과 위기관리의 필요성을 절감하고 이러한 한계를 극복하기 위해 대학교에 전공으로 위기관리를 개설하였다. 위기관리전문가를 양성하고 있는 곳은 우리 학교가 세계최초이다. 위기관리전공 교수로서 많은 연구를 하고 전문가양성을 하면서 얻은 교훈 중의 하나는 개인이든 집단이든 평상시 자신의 역량이나 대처범위를 넘어서는 어려움에 노출되면 위기에 처하게 된다는 것이다. 대부분의 사람들은 자신이나 자기 주변에는 위기가 없을 것이라 믿는다. 하지만 위기는 우리들의 의지나 선택 밖의 일이다. 위기관리를 전공하는 나에게는 매일매일이 위기사건으로 넘쳐난다. 이런 나에게 어느 날 일면식도 없는 소방관이 "자살하려는 사람을 포함해서 위기사건이 발생하면 출동하게 되는데 어느 날인가부터 '단순히 현장에 출동해서 구급차에 위기에 처한 사람을 싣고 병원에 데려다 주는 것이 자신이 해야 되는 역할의 다인가? 아니면 위기출동현장에서 자신이 더 해야 되는 일이 있는 것은 아닌가?'"라고 물어왔다. 특히, 현장에 가장 먼저 출동하게 되는 자신이 위기에 처한 사람에게 현장에서 혹은 이송과정에서 무엇을 어떻게 해야 되는지에 대한 지침이 있다면 많은 도움이 될 것 같다는 하소연을 했다. 이 말을 들은 것이 이번에 출판하는 위기관리총서인 "현장에서의 위기개입매뉴얼과 워크북"을 만들겠다는 생각을 하게 한 계기였다. 이전에는 위기개입을 해야 하는 현장의 위기개입자들이 당연히 자신의 역할을 수행하고 있다는 생각만 했지 위기에 처한 사람을 위한 보다 낫고 훨씬 전문적인 서비스를 제공하려는 욕구가 있다는 것을 알지 못했던 것이다. 또한 이들을 위한 전문적 지지나 훈련이 있어야 한다는 생각을 하지 않았다.

위기개입자 혹은 정신건강서비스제공자는 도움이 필요한 곳에 가장 먼저 출동하여 적절한 서비스를 제공해야 한다. 위기개입자는 현장에서 위기에 처한 사람들의 욕구와 문제의 심각성을 가장 빠르고 정확하게 파악하여 위기에 처한 사람들의 안전과 행복을 최우선으로 확보해야 한다. 실제 위기개입자들이 위기현장에 출동하거나 도움을 요청받았을 때 무엇을 어떻게 해야 하는지 판단이 되지 않아 당황하는 경우가 종종 있다. 또한, 실제 경력이 많고 현장의 베테랑이어서 별 어려움 없이 위기현장에 대한 통제권을 확보하고 위기개입활동을 하고는 있지만 자신들의 위기개입활동이 제대로 된 것인지, 전문적인 것인지에 대한 확신이 없어 힘들어하기도 한다. 하지만 위기현장에서 활동하는 위기개입자가 자신들이 제공하는 서비스에 대한 자신이 없어 하거나 불안해 하면 위기에 처한 사람에게 미치는 부정적인 영향을 엄청나게 크고 생명을 잃게 할 수도 있다. 그러므로 위기개입자들에게는 위기현장에 출동하여 위기에 처한 사람들의 욕구를 빠르게 확인하고 당장의 위기를 해소시킬 수 있는 능력이 요구된다. 이처럼 힘들고 급박한 위기개입현장의 특성을 고려하여 경찰관이나 소방관들에게 정신건강과 도움을 청한 사람들과의 관계형성이나 대화 등에 대한 교육과 훈련을 시킨 후 업무수행을 평가했더니 위기개입을 하는 당사자들의 업무수행에 대한 자신감과 유능감이 증가한 것은 물론 위기개입서비스를 받은 시민, 특히 위기에 처한 사람들의 회복이나 안정감이 훨씬 좋아졌다는 선행연구들이 많다. 이러한 현실과 연구결과를 고려하여 이제는 위기개입자가 현장에서의 위기개입을 보다 전문적이고 체계적으로 할 수 있도록 관심을 갖고 도와주는 것이 필요하다. 지금도 위기현장에서 위기개입서비스를 하고 있는 위기개입자들이 위기개입에 대한 자신감과 자긍심을 갖도록 하는 노력이 요구된다.

저자가 많은 문헌연구, 외국 및 국내의 현장방문, 현장의 실무자와의 만남을 계속하면서 위기현장에 출동한 인력이 가장 초기에 적절한 서비스를 위기에 처한 사람이나 조직에 제공한다면 위기가 더 이상 악화되지 않고 위기가 해소되는 것은 물론 위기를 경험한 사람들이 건강한 일상생활을 영위할 수 있도록 도와줄 수 있을 것이라는 확신을 하게 되었다. 이러한 확신을 바탕으로 현장의 위기개입자들의 위기개입에 대한 전문성과 현장에서의 대응능력을 높이는 데 도움이 될 수 있는 "현장에서의 위기개입매뉴얼과 워크북"을 만들었다.

저자와 동료들이 "현장에서의 위기개입매뉴얼과 워크북"을 만들기 위한 집필위원회를 만들고 작업을 시작했지만 위기의 유형과 현장이 너무 다양하고 각각의 상황에서 필요한 위기개입서비스의 내용과 종류도 많아서 주제를 설정하고 포함되어야 하는 내용을 결정하는 작업자체도 집필진에게는 위기였다. 그중에서도 위기관리의 업무영역과 업무의 한계를 정하는 것이 가장 힘든 일이었다. 일반적으로 정신건강서비스제공 관련전문가들은 위기에 처한 사람들에게 치료나 상담을 제공하는 것을 주요 역할이라고 생각한다. 하지만 실제 위기관리에서는 관리라는 말자체가 의미하듯이 위기에 처한 사람의 위험성과 상태를 빨리 평가하고 확인하여 위기에 처한 사람들에게 가장 필요한 서비스가 제공되도록 도와주는 역할이 가장 중요하다. 다시 말하면 위기관리는 위기개입시 위기에 처한 사람이나 조직의 욕구와 위험성을 가장 먼저 평가하여 위기에 처한 사람들의 물리적 안전을 확보하는 것을 가장 최우선으로 한다. 이러한 위기관리에 의해 일단 위기상황이 안정화된 후 보다 추가적이고 전문적인 서비스가 필요하다면 그때서야 일반적으로 말하는 치료나 상담이 이루어지게 된다. 따라서 위기현장에서 위기개입자에게는 전문적인 상담자의 역할이 아닌 심리적 응급처치자(psychological first aid)로서의 역할이 요구된다. 이와 같은 일반적인 심리서비스와 위기관리의 위기개입서비스의 차이를 반영하여 "현장에서의 위기개입매뉴얼과 워크북"에서는 위기개입자의 의뢰에 의해 전문가에 의한 본격적인 서비스가 제공되기 전까지의 활동을 위기개입자의 역할로 한정하였다. 물론 위기개입자가 전문적인 심리 상담이나 치료까지 할 수 있으면 더욱 이상적일 수 있다. 다시 강조하지만 위기개입현장에서는 본격적인 상담이나 치료를 시작하지 말고 위기에 처한 사람의 현재 상태를 즉각적이고 정확하게 평가하고 필요한 서비스를 확인하는 작업이 우선되어야 한다.

"현장에서의 위기개입매뉴얼과 워크북"은 3번의 워크숍에서 얻은 참가자와 진행자들의 경험과 충고를 충분히 반영하고 집필위원회의 의견을 종합하여 수정 보완한 내용들로 구성하였다. 수차례의 회의와 고민을 통해 최종적으로 "현장에서의 위기개입매뉴얼과 워크북"은 윤리와 가이드라인, 스트레스, 위기, 자살, 범죄피해, 성폭력과 가정폭력, 재난, 애도, 심리소진 등의 영역으로 구분하였다. 주제와 영역을 나누는 과정에서 가정폭력과 성폭력도 범죄에 해당되어 초기에는 범죄 영역에서 다루려 했지만 가정폭력과 성폭력은 실제 임상장면에서 자주 접하고 점점 증가하고 있어 독립하여 구성하였다. "현장에서의 위기개입매뉴얼과 워크북"은 일반시민들을 위한 책이 아니고 위기현장에서 구호활동이나 위기개입 서비스를 제공하는 경찰관, 소방관, 정신건강관련업무종사자(심리, 사회복지, 간호, 의학, 법률 및 행정 등의 정신건강관련 업무를 수행하는 분)들이 현장에서 직면에게 되는 위기의 내용과 특성에 가장 적합한 면담, 평가, 개입과 의뢰를 가장 효율적으로 수행할 수 있도록 교육하고 훈련시키는 내용으로 구성되어 있다. 이러한 의도를 반영하여 구성한 매뉴얼과 워크북을 적절히 사용하여 교육과 훈련을 받는다면 위기개입자로서 다양한 사건과 현장을 접했을 때 위기에 처한 사람에게 가장 적절하고 효과적인 서비스를 제공했으면 한다. 동시에 이를 통해 위기개입자의 전문성과 능력에 대한 자신감을 갖고 위기개입자들의 정신건강증진에도 도움이 되었으면 한다. 추가로 매뉴얼과 워크북에 제시되는 모든 사례는 교육과 훈련을 위해 구성되었다.

이번의 "현장에서의 위기개입매뉴얼과 워크북" 출판은 우리나라에서는 처음으로 기획하고 추진한 방대한 작업이어서 많은 부담을 느끼고 더 세밀하고 꼼꼼하게 정성을 기울여 자료수집단계부터 교정과 수정과정을 진행하였다. 나름대로 최선을 다하고 도움이 될 수 있도록 노력했지만 부족한 부분도 있을 것이고 오류가 있을 수도 있을 것이다. 이와 관련된 것은 전적으로 책임저자인 나의 몫이다. 사람과 함께 하는 일을 한지 벌써 30년 이상의 시간이 흘렀고 시간이 흐르는 동안 학부생으로서의 나와 지금의 나와는 엄청나게 많이 달라졌다. 하지만 점점 강해져가고 분명해지는 것은 나와 함께 같은 곳을 보고 있는 사람들이 있고 함께 하는 이들의 수고와 노력이 나에게는 가장 큰 자산이고 자원이라는 것이다. 매일매일이 모여서 우리의 삶을 이루지만 우리는 많은 사람들의 도움과 지지를 받고 힘을 얻어 우리는 또 다른 하루를 시작한다. 하지만 우리는 하루를 살아내는 우리와 주변 사람들의 수고와 지지가 있음을 잊고 산다. 힘들고 어려운 일은 어느 날 불현 듯 우리에게 다가온다. 그래서 우리에게는 오늘의 삶, 지금의 삶이 소중하다. 이러한 생각에 기초해서 나는 오늘의 내가 있도록 함께 해준 많은 사람들에 대한 고마움을 지금 전달한다.

"현장에서의 위기개입매뉴얼과 워크북"을 출판하는 과정에서 치열한 고민과 토론을 하면서 같이 고민해 준 워크숍 참가자, 현장의 실무자, 졸업생, 학생들이 있었다. 만약 이들의 헌신과 희생이 없었다면 "현장에서의 위기개입매뉴얼과 워크북"을 출판하는 것은 불가능했을 것이다. 힘들고 어려운 작업임에도 불구하고 위기에 처한 사람들은 물론 위기개입자들에게 조금이라고 도움이 되었으면 하는 마음에 의기투합하고 함께 한 많은 분들에게 진심으로 감사하고 고마움을 전한다.

아직은 사회적으로 큰 전공이 아니어도 위기관리에 관심을 갖고 위기에 처한 사람들을 위해 연구와 실천을 하고 있는 위기관리전공생 여러분들이 있어 행복하고 또 다른 도전을 시작할 수 있는 용기를 주어서 고맙다. 그리고 위기관리에 관심을 갖고 계신 많은 분들께도 고마움을 전달하고 많은 교육, 훈련과 강의 현장에서 나와 만났던 수많은 분들께도 감사드린다.

현장에서의 위기개입매뉴얼 8권, 워크북 8권 총 16권의 위기개입총서의 출판을 기꺼이 허락해주고 지원해주신 박영사의 안종만 대표께 감사드린다. 특히 출판을 전체적으로 조율하고 계속 소통하며 보다 좋은 책이 될 수 있도록 도와주신 노현 이사님과 초고, 재고, 삼고의 어려운 작업과 까다로운 집필진의 요구를 최대로 반영해주시고 바쁜 와중에도 꼼꼼하게 검토해주시고 확인해주신 강민정 선생님께는 더욱 더 깊은 감사의 마음을 전한다. 다시 한번 지금도 위기관리에 관심을 갖고 사람에 대한 진실한 사랑과 믿음으로 묵묵히 연구하고 현장에서 헌신하고 있는 졸업생들과 재학생들이 있어 우리는 외롭지 않을 것이고 우리들이 있어 세상은 더 행복해질 것이라 믿는다.

특별히 지금도 아무도 가지 않은 외롭고 낯선 길을 용기 있게 개척할 수 있도록 전적으로 믿어주고 함께 하며 나를 최고로 알고 지원해준 나의 가족인 이혜선 박사와 두 아들에게는 사랑의 마음과 진심으로 미안하고 고마운 마음을 전한다.

2019년 2월

책임저자 육성필

차 례

위기개입자 소진의 이해와 개입 ········ 3

1. 소진의 개념과 정의 ········ 3
2. 소진의 특성 및 중요성 ········ 5
3. 기본적인 행동지침 및 가이드라인 ········ 18
4. 위기개입자의 심리적 소진을 위한 실습 및 슈퍼비젼 모델 ········ 36
5. 사례와 개입 ········ 45
6. 소진의 예방과 개입을 위한 업무 흐름 ········ 54

참고문헌 ········ 56

색 인 ········ 63

부록: 관련 기관 안내 ········ 65

부록: 현장에서의 위기개입의 실제 ········ 106

위기관리총서 시리즈 8

현장에서의 위기개입워크북

위기개입자 소진의 이해와 개입

위기개입자 소진의 이해와 개입

1. 소진의 개념과 정의

1) 소진 개념의 형성

소진(burnout)이라는 용어는 원래 만성 약물 사용자들이 보이는 신체적 효과를 가리키는 말이었는데, 약물중독자들과 일하는 상담자들과 치료자들이 그들 자신의 심리적 피폐함과 스트레스를 묘사하기 위해 사용한 것에서 시작되었다. 이 용어를 학문적인 용어로 사용하기 시작한 사람은 정신과의사인 Herbert Freudenberger로, 그는 당시 일하고 있던 무료클리닉의 자원봉사자들이 점차 정서적으로 고갈되고 동기가 상실되며 헌신이 감소되는 것을 보고 그것을 설명하기 위해 이 용어를 사용하였다.

유사한 시기에 사회심리학자인 Christina Maslach는 정신건강센터와 대인서비스 분야에서 일하는 사회복지사들이 일하는 중에 발생하는 강한 정서적 각성을 어떻게 다루는지에 대한 연구를 진행하였는데, 인터뷰를 하면서 사회복지사들 중 몇 명이 그들의 심리적 어려움을 소진이라는 말로 설명하였고 Maslach는 이 현상을 설명하는 것에 관심을 두게 되었다. Maslach는 간호사, 교사, 사회사업 등 대인 접촉이 많은 일을 하는 사람들에게서 자주 나타나는 냉소주의와 정서적 탈진의 증후군을 소진이라고 보았다. 소진에 대한 연구가 진행되면서 소진의 다양한 정의가 제시되고 점차 정교화 된 결과, 소진은 일터에서 접하는 만성적인 대인관계적 스트레스 요인에 대한 반응으로 나타난 심리적인 증후군으로 정의되었다. 이러한 정의는 소진이 개인적인 차원의 것이 아니며 직업/직무와 관련하여 발생함을 명확하게 한 것이다.

2) 소진의 차원

소진의 세 가지 주요 차원은 탈진, 비인격화, 성취감 결여이다. 각 차원들을 자세히 살펴보면 다음과 같다.

- 탈진: 탈진은 소진의 기본적인 개인적 스트레스 차원이면서 가장 핵심적인 차원으로, 자신의 정서적이고 신체적 자원의 한계를 넘어서서 고갈되었다는 느낌을 말한다. 에너지 상실, 고갈, 피로, 닳아해짐 등으로 설명되기도 한다. 탈진은 신체적인 탈진을 의미하기도 하지만 감정이나 염려의 상실처럼 소진에 중요한 것으로 설명되는 심리적이거나 정서적 탈진을 의미하기도 한다.

- 비인간화(냉소주의): 대인관계에서 멀어지는 차원을 나타낸다. 직업의 다양한 측면에 대해 부정적이거나 과도하게 거리를 두는 반응이 비인간화를 의미한다면, 냉소주의는 일에 대한 정서적, 인지적 참여를 덜하고 이상주의의 상실을 말한다. 시간이 지날수록 부정적인 방향으로 변화, 발달, 혹은 축적된다.

- 성취감 감소: 소진의 자기 평가 차원으로, 효과성의 감소나 성취의 감소를 말한다. 무능감과 성취의 부족을 나타내며 우울, 낮은 자기존중감, 낮은 도덕 등으로 설명되기도 한다.

3) 소진의 측정과 범위의 확장

1970년대에 소진 개념이 제시된 이후, 소진은 매우 인기 있는 연구 주제가 되었고 현장에서 어느 정도로 소진되어 있는지를 측정하려 하였다. Maslach과 Jackson(1981a; 1981b)이 개발한 Maslach Burnout Inventory－Human Services Survey(MBI－HSS)는 소진의 개념에서도 언급하였듯이 건강과 휴먼 서비스 분야에서 일하는 이들의 소진 정도를 측정하기 위해 개발

되었고, MBI의 두 번째 버전은 교육자들을 위해 개발되었으며(MBI–Educators Survey, MBI–ES), 일반직 종사자들에게 적용할 수 있도록 하기 위해 세 번째 버전인 MBI 일반(MBI–General Suvey, MBI–GS)이 개발되었다.

소진의 연구에서 Maslach의 개념이나 MBI가 널리 사용되기는 하였으나, 소진의 개념에 대해 다른 의견을 가진 연구자들도 있었다. Schaufeli와 Greenglass는 소진을 “정서적으로 요구적인 업무 환경에서 오랜 기간 참여함으로써 발생한 신체적, 정서적, 정신적 탈진 상태”로 정의하였다. Kristensen et al.(2005, p. 197)에 의하면 소진은 “다 쓴 배터리”라고 비유될 수 있지만 단지 피곤이나 탈진이 아니라 그 사람의 삶의 특정한 영역이나 범위에서의 피곤이나 탈진이라는 속성이 핵심적이다. 그리고 그 영역을 개인, 업무 관련 소진, 클라이언트 관련 소진으로 구분할 것을 제안하였으며 개인의 소진은 젊은이나 조기퇴직자, 연금생활자, 주부처럼 직업 상태와 관계없이 개인이 경험하는 신체적이고 심리적인 피로와 탈진의 정도를 측정한다.

소진에 대한 연구가 주로 휴먼 서비스 분야에서 이루어졌고 특히 그 분야에서 일하는 이들을 위해 척도가 만들어졌기 때문에 소진이 단지 휴먼 서비스에서만 발생하는 전형적인 증후군으로 생각되기도 한다. 그러나 MBI–GS를 적용한 보다 최근의 연구들은 휴먼 서비스와 비휴먼 서비스 집단에서 비슷한 결과를 보여주고 있다. 즉 소진은 도움을 주는 이들에게만 발생하는 현상이 아니며 누구에게나 발생할 수 있는 증후군으로 볼 수 있다. 그러나 여기서는 위기관리 영역에서 일하는 정신건강 서비스 제공자(위기개입자)를 주 대상으로 보고 기술할 것이다.

2. 소진의 특성 및 중요성

1) 소진의 증상

소진은 하나의 현상이 아니라 점진적인 과정이다. 커다란 사건의 충격으로 인한 것이 아니라, 개인이 경험하는 스트레스와 환경과의 갈등이 오랫동안 지속되면서 발생하게 되는 것이다. 개인의 스트레스나 환경은 각각 다르고 그 안에서의 갈등 양상은 상이할 수밖에 없으므로 소진의 증상은 개인마다 다르게 나타날 수 있다.

Freudengberger에 의하면, 소진은 몇 가지 증상으로 설명되지 않고 사람마다 그 증상이나 정도가 상이한 증상들로 나타나며 주로 한 기관에서 일한 지 1년 이후에 나타나기 시작한다. 신체적인 증상으로는 탈진감, 피로, 계속 감기에 걸려 낫지 않거나 잦은 두통, 소화불량, 불면증 등이 있고 쉽게 화를 내고 짜증, 좌절 반응 등은 행동적 증상에 해당한다(Freudenberger, 1974, p.160).

소진에 대한 수많은 연구가 진행되면서 다양한 증상들이 제시되었다. Kahill(1984)은 1974년부터 1984년까지 출판된 소진에 대한 연구를 종합하여

소진의 증상

분류	증상	비고
신체	피로, 심리적 고갈이나 탈진, 수면의 어려움, 두통, 소화불량, 감기, 독감 등의 통증, 고혈압, 심근경색, 노화	소진이 진행되면서 건강에 부정적인 영향을 준다.
정서	정서적 고갈, 짜증, 불안, 죄책감, 우울, 무력감	
행동	규칙을 지나치게 고집함, 결근, 술과 약물 사용, 카페인 섭취, 과식, 과한 흡연, 이직, 낮은 성취, 지각, 만성적인 업무의 장애	일과 관련된 행동으로 나타난다.
대인관계	서비스 대상자에게 집중하기 어렵고 대상자로부터 철수하려 함(예: 핫라인 상담원이 전화를 받으려 하지 않거나 전화를 끊어버리는 등의 방어적인 철수), 서비스 대상자에 대한 언어적 · 신체적 폭력, 서비스 대상자에 대한 불평, 사생활에서 친구가 줄어 들거나 사람들을 피하고 가족들과 접촉하지 않고 혼자 지내는 생활을 함.	대인관계 증상은 서비스 대상자뿐만 아니라 친구, 가족들과 관련되어서도 나타난다.
태도	서비스 대상자와 자신, 삶 전반에 대한 부정적 태도가 증가함. 냉소주의, 비관주의, 방어적 태도, 냉담함, 서비스 대상자에 대한 무관심, 전문 용어를 사용하거나 대상자를 정형화시키는 등의 주지화를 통한 비인간화, 직장에서의 즐거움의 상실, 직장에 가기 싫어함. 낮은 자기 효능감	전반적으로 직업 만족도가 감소하게 된다.

그 증상들을 정리하였는데, 연구에 따라 10여 가지에서부터 80가지 이상의 증상을 보고하기도 하는 등, 개인에 따라 경험되는 증상이 다양함을 알 수 있다. 이처럼 상이하고 여러 차원에 걸친 증상들은 신체, 정서/태도, 행동, 대인관계의 범주로 분류되곤 한다.

2) 소진의 과정

소진이 어떻게 나타나게 되는지는 학자들에 따라 다소 상이한 모델을 제시하고 있다. Leither와 Maslach는 소진을 시간의 흐름에 따라 소진의 각 차원이 발달되어가는 과정 모델로 제시한다. 소진의 과정 모델에 의하면, 환경적 스트레스에 대한 반응으로 정서적 탈진이 가장 먼저 일어나며, 신체적 피로감과 정서적 탈진에 대한 대응책으로써 서비스 대상자로부터 감정적 거리를 두고자 시도하게 된다. 이에 따라 대상자들에 대한 부정적 태도를 지니게 되며, 결과적으로 일에서 자신의 능력과 성취감 감소로 이어진다(Leiter & Maslach, 1988).

소진을 단계로 설명하는 모델도 있다. Edelwich와 Brodsky(1980)가 제시한 소진의 단계 모델에 따르면 서비스 제공자는 높은 희망과 이상주의적 기대를 가지고 직업을 시작하지만(1단계 열정), 업무를 하면서 개인적, 재정적, 생애의 요구가 달성되지 못한다고 느끼면서 침체를 겪는다. 이 단계에서 이상, 에너지, 목적, 관심을 점차 잃어가고 더 이상 흥미를 느끼지 못하게 되고(2단계 침체). 업무에서 끊임없이 좌절을 경험하면서 자신의 노력의 효과와 가치를 의심하기 시작한다(3단계 좌절). 결국 자신의 직무에 냉소적인 태도를 가지게 되고 심지어는 상황에 대해 만성적으로 무관심한 단계에 다다르게 된다(4단계 무감동).

3) 소진에 영향을 미치는 요인들

소진이 일터에서 접하는 만성적인 대인관계적 스트레스 요인에 대한 반응에서 나타난 것이라는 정의는 소진의 원인과 개입에 대한 실마리를 제공한다. 초기에 소진에 대한 설명이나 현상에 대한 기술을 하던 시기가 지난 후 학문적인 연구가 누적되면서 소진의 원인을 다양하고 보다 체계적으로 연구하게 되었다. 소진에 영향을 주는 요인들은 대단히 다양하지만 크게 구분하면 개인적 원인, 조직적 요인, 사회적 요인으로 나눌 수 있다(이은희, 김경호, 2008, 남희은, 진혜민, 백정원, 2015).

(1) 개인적 원인

개인적 원인은 개인의 특성에 해당하는 것으로, 낮은 자존감, 비현실적인 목표, 연령, 성별, 결혼 여부 등을 말한다.

(2) 조직적 요인

자율성 결여, 역할 과다, 조직의 자원 부족, 문제해결의 어려움, 수퍼바이저의 지지 결여, 의사소통의 폐쇄성 등을 말하며, 조직 내에서 소진에 영향을 줄 수 있는 요인들을 말한다.

(3) 사회적 요인

그 일이 가치 있음과 수행하는 사람에 대한 사회적 인정을 의미한다.

4) 위기개입자와 소진

상담자, 사회복지사, 소방관, 119 구조대, 경찰관, 전화상담원, 교사, 의사, 정신건강전문가, 담당 공무원, 의료기관 종사자들은 기본적으로 돌봄이나 원조를 제공하는 일을 하고 있으며 이미 소진의 후보자들이라고 할 수 있다. 그런데 이들 중에서 특히 위기 상황에 개입하는 위기개입자들은 앞에서 열거한 요인들 이외에도 소진의 다른 위험요인에 노출된다.

위기는 개인이 다루기 어렵고 위협을 받는다고 느끼는 상황이며, 위기개입자는 개인들의 이러한 위기에 개입하는 역할을 하는 사람이다. 위기 상황에서는 평소에 개인들이 사용할 수 있었던 자원들은 무너져 그 개인들은 움직이지 못하는 상황이 된다. 때로, 재난이나 재해, 각종 사고, 사망과 상해 등의 사건들은 사건 자체로 압도적일 수도 있다. 위기개입자들의 업무는 어떠

한 위기에서든 단기간에 적절히 효과적으로 개입해야 하는 업무적인 특성을 가지므로, 위기상황의 특성 자체가 소진에 영향을 미치는 또 다른 요인들이 될 수 있다.

(1) 이차적 외상 스트레스, 간접 외상과 공감 피로

위기개입자는 재난이나 재해, 각종 사고, 사망과 상해, 폭력 등의 사건들로 인한 위기에 개입하게 되는데, 이와 같은 위기의 특징인 압도적이고 통제 불가능한 상황은 위기개입자에게도 영향을 줄 수 있다.

이차적 외상 스트레스(Secondary Traumatic Stress, STS)는 외상사건에 대한 명시적이거나 암시적인 이야기를 듣거나 보는 등 전달받음으로써 마치 자신이 이 사건들을 사적으로 경험한 것처럼 느끼게 되는 것으로, 외상을 입거나 고통받는 사람을 돕거나 돕기 원한 결과로 나타난 스트레스를 말한다(Figley, 1993). 이차적 외상 스트레스는 외상 후 스트레스 장애(PTSD)와 유사한 반응을 나타내어, 외상을 겪은 사람이 경험했던 외상을 재경험하거나 사건과 관련된 정서나 생각, 활동, 상황을 회피하거나 지속적인 각성 상태에 머무르면서 집중과 수면의 어려움, 짜증, 분노 등의 반응이 나타날 수 있다. 정서적 탈진의 결과이며 점진적으로 나타나는 소진에 비해 이차적 외상 스트레스는 경고신호 없이도 나타날 수 있으며 그 증상이 실제 원인과 동떨어져 있을 수 있으며 보다 빠른 회복률을 보인다.

이차적 외상 스트레스와 유사한 개념으로 McCann & Perlman(1989)이 제시한 '간접 외상(vicarious traumatization)'이 있다. 간접외상은 내담자나 위기에 처한 사람의 외상적 자료에 대한 기억이 축적되면서 치료자나 도움을 주는 사람이 세상을 보는 관점에 영향을 미치는 것을 말한다.

공감피로는 Figley(2002)가 제시한 개념으로, 외상과 관련하여 일하는 이들, 특히 치료자나 위기개입자들에게 나타나기 쉬운 증상이다. 치료자들은 외상을 입은 사람을 돕기 위한 주요 자원이지만 일정 기간 동안 과도하게 사용한다면, 기존의 돌봄을 제공하던 일이 하기 싫어지며, 위기에 처한 피해자에게 화가 나거나 지루함을 느끼거나 멍해지고 주의를 기울일 수 없거나 회피적이 될 수 있다.

위기현장에서 서비스를 제공해야 하는 위기개입자들은 위기개입 과정에서 어느 정도의 간접 외상이나 공감피로, 이차적 외상 스트레스를 경험할 수 있다. 피해자들에게 위험요인이 되는 것은 위기개입자들에게도 위험요인이 된다. 재해가 클수록, 사상자가 많고 끔찍한 장면에 많이 노출될수록, 사회적 지지가 부족하고 오랜 시간동안 현장에서 일해야 할수록 위기개입자들은 더 취약해진다.

5) 위기개입자 소진의 예방

(1) 위기개입자의 훈련

위기개입자는 현장에 투입되기 전에 적절한 훈련 과정을 거쳐야 한다. 그러나 훈련과정에 들어가기 전에 먼저 위기개입이 자신에게 맞는 영역인지 생각해 볼 필요가 있다. 위기개입 분야는 조용하고, 정돈되어 있고 구조적이지 않다. 일반적인 임상 세팅이 되어 있지도 않다. 그러므로 위기의 현장에 있다고 상상을 해 보라. 예를 들어, 대형 화재 후 주변의 학교 강당에 수용한 피해자들을 지원하러 가야 한다면, 조용한 공간에서 피해자들을 만날 수 있는 환경은 불가능할 것이다. 또한 위기개입자가 화재 후 심리적 증상에 대해 설명하고 그들이 경험할 것으로 예상되는 불안과 공포를 감소시키고 싶어 하더라도, 그들은 학교 강당에 머물러 있는 것의 불편함에 대해 끊임없이 이야기하고 싶어할 수 있다. 때로는 위기개입자가 이전에 각종 위기 상황(예: 폭력 피해, 재해, 자살 시도 등)을 경험해 본 적이 있기 때문에 다른 사람을 도와주고 싶을 수도 있다. 위기개입자의 이전 위기 경험이 잘 정리되고 이후 성장의 발판이 되었을 수 있지만, 위기상황은 언제든지 이전 경험을 촉발할 수 있음도 생각해 볼 필요는 있다.

위기개입영역에서 능숙해지기 위해서는 교실에 앉아서 배우는 것으로는 불가능하다. 적십자사 등의 자원봉사를 통하여 활동하면서 조언을 받고 수퍼비전을 받는 것이 필요하다. 또한 일정한 시나리오를 가지고 다른 참가자들과 함께 사건과 개입방법 등을 논의하는 것과 생존자/클라이언트 및 위기개입자의 역할을 해 봄으로써 각각의 반응을 경험하고 이러한 두 가지 접근을 반복함으로써 위기개입에 필요한 기술을 배울 수 있다.

(2) 위기개입 동안의 자기 돌봄

훈련을 마치고 위기개입을 하게 되었을 때는 개입하는 동안 자신을 돌봐야 한다. 다음은 위기개입 시 스트레스를 관리하는 효과적인 방법이다.

1. 휴식을 가져라. 2시간마다 10분~15분 정도의 휴식이 필요하다. 더 많은 시간이 필요할 수도 있다. 잠시 동안 그 장면으로부터 떨어져서 조용히 긴장을 풀 수 있는 조용한 장소를 찾아라.
2. 잘 먹고 마시고 움직여라. 짧은 산보와 함께 건강하고 균형 잡힌 식생활은 높은 수준의 스트레스에 대처하는 능력을 증가시켜 준다. 카페인과 알코올을 주의하라. 계속 기능하기 위해 카페인이 필요하다면 충분히 잠을 자지 못한 것이다. 정크 푸드를 많이 섭취하는 것을 주의하라. 설탕을 너무 많이 섭취하는 것은 악명 높은 슈가 하이(sugar highs: 과도한 당 섭취 후 순간적으로 각성되는 것)와 더불어 슈가 로우(sugar lows: 슈가 하이 후 당 수치가 급격히 낮아져 더 심한 피로감을 느끼게 되는 것)를 유발할 수 있다. 신체적으로 좋은 느낌을 가지는 것은 정신적으로 좋은 느낌을 가지는 것과 같이 간다.
3. 동료와 가족으로부터 지지를 얻어라. 팀의 동료들과 구조 활동 이외의 일에 대해 이야기를 나누어라. 집에 가서 가족들과 이야기하라. 당신이 겪고 있는 것을 이해하는 동료들에게 전화하라. 인정과 긍정적 강화는 지금 하고 있는 일에 대해 계속 열정을 가지고 임할 수 있도록 돕는다.
4. 교대근무를 꼭 지켜라. 일정이 확정되지 않은 첫날이나 둘째 날을 제외하면, 배치 받은 곳에서 교대하는 것을 꼭 지키고 교대근무가 끝나면 떠나라. 더 많은 일을 하지 않는다면 더 효과적으로 일할 수 있을 것이다.
5. 휴식기를 가져라. 장기의 구조 활동을 하고 있다면, 적절한 휴식기를 가질 것을 수퍼바이저와 이야기하라. 대규모 재난으로 인한 높은 강도와

스트레스는 소진이나 공감피로를 피하기 위해 더 잦은 휴식기와 짧은 교대시간을 필요로 할 수 있다.

6. 깊게 숨 쉬어라. 사람들은 흔히 긴장해 있을 때 숨을 참곤 한다. 깊게 숨 쉬는 것은 신체를 이완시키는 것을 돕는다.

미국적십자사(2002)

(3) 일상에서의 자기 돌봄

Saakvitne, Pearlman 등(1996)은 다음의 평가지를 통하여 자기 돌봄을 유지할 수 있는 효과적인 전략을 제시한다. 평가지를 작성한 다음, 각 영역에서 개선할 항목 한 가지를 선택하라.

※ 아래의 문항을 읽고 각 문항이 자신에게 해당되는 정도를 숫자로 써넣으시오

5= 자주(frequently)
4= 가끔(occasionally)
3= 거의 그렇지 않음(rarely)
2= 절대(never)
1= 한 번도 그런 적이 없음(It never occurred to me)

신체적 자기 돌봄

___ 규칙적인 식사 (예: 아침 식사, 점심 식사, 저녁 식사)
___ 건강하게 먹음
___ 운동
___ 예방을 위해 정기적인 건강검진을 받음
___ 필요할 때 치료를 받음
___ 필요할 때 휴식을 함
___ 마사지를 받음
___ 춤, 수영, 산보, 뛰기, 스포츠, 노래하기, 혹은 다른 재미있는 신체 활동을 함.
___ 스스로 혹은 파트너와 성적인 시간을 가짐
___ 충분히 수면을 취함
___ 좋아하는 의복을 입음
___ 휴가를 가짐
___ 하루 여행이나 짧은 휴가를 가짐

___ 전화로부터 떨어지는 시간을 가짐
___ 기타:

심리적 자기 돌봄

___ 자기 성찰을 위한 시간을 가짐
___ 자신을 위한 심리치료를 받음
___ 일기를 씀
___ 일과 관련이 없는 글을 읽음
___ 책임지지 않거나 전문영역이 아닌 일을 함
___ 삶에서 스트레스를 줄임
___ 당신의 다른 측면을 다른 사람들이 알도록 함
___ 당신의 생각, 판단, 신념, 태도, 감정 등의 내적 경험을 알아차림
___ 미술관, 역사 전시회, 운동 경기, 경매, 연극 등 새로운 영역에 몰두함
___ 다른 이들에게 받는 것을 연습함
___ 호기심을 가짐
___ 가끔은 추가적인 책임에 "아니요"라고 말함
___ 기타:

정서적 자기 돌봄

___ 같이 있는 것이 즐거운 사람과 시간을 보냄
___ 삶에서 중요한 사람들과 연락을 유지함
___ 자신을 지지하고 칭찬함
___ 자신을 사랑함
___ 좋아하는 책을 다시 읽고, 좋아하는 영화를 다시 봄
___ 위로를 주는 활동, 물건, 사람, 관계, 장소 등을 찾고 파악함
___ 울어도 괜찮음
___ 웃을만한 일을 찾음
___ 사회적 행동, 편지, 기부, 행진, 시위 등에서 분노를 표현함
___ 아이들과 놀기
___ 기타:

영적 자기 돌봄

___ 성찰을 위한 시간을 가짐
___ 자연에서 시간을 보냄
___ 영적 연결 혹은 커뮤니티를 찾음
___ 영감에 개방적임
___ 낙관주의와 희망을 소중히 여김
___ 삶의 비물질적인 측면을 의식함
___ 때로는 책임진다거나 전문가로 있지 않으려 함

___ 모르는 것에 개방적임
___ 자신에게 의미 있는 것이 무엇인지 파악하고 삶에서 그것의 자리를 알아차림
___ 명상
___ 기도함
___ 노래함
___ 아이들과 시간을 보냄
___ 경외감을 느낌
___ 믿는 것을 위해 기여함(기부 등)
___ 영감을 주는 글을 읽음(대화, 음악 등)
___ 기타:

직장에서의 자기 돌봄

___ 일하는 중에 휴식을 취함(예: 점심 시간)
___ 동료와 이야기할 시간을 가짐
___ 과업을 완료하기 위해 조용한 시간을 가짐
___ 흥미 있고 보상을 주는 과업이나 프로젝트를 확인함
___ 클라이언트나 동료에게 한계를 설정함
___ 업무 부담에 균형을 맞춰서 하루 혹은 하루의 일부가 “너무 많지” 않도록 함
___ 업무 환경이 편안하고 위로를 주도록 꾸밈
___ 정기적인 수퍼비전이나 자문을 받음
___ 당신의 필요(이득, 봉급 인상)를 위해 협상함
___ 동료 지지 집단이 있음
___ 직접적 흥미가 있으면서 외상과 관련이 없는 영역을 개발함
___ 기타:

균형

___ 일-삶과 근무일 안에서 균형을 잡도록 노력함
___ 일, 가족, 관계, 놀이, 휴식 사이에서 균형을 잡도록 노력함

(4) 기관 차원의 소진예방

위기개입자들은 보통 단체나 기관 등의 조직에 소속되어 일하게 된다. 소진이 발생하면 위기개입자 개인의 업무효율성을 악화시켜 결국 기관이 제공하는 서비스의 질을 저하시키는데다가, 소진된 위기개입자들이 소진의 원인이 되는 업무에서 벗어나 이직을 하게 되는 경우 또 다른 인력을 충원하고 훈련시키는 데 많은 시간과 노력을 필요로 하므로, 조직 차원에서 소진예방

과 대처의 중요성을 이해하고 접근할 필요가 있다.

특히 주의해야 할 점은 위기개입자라면 누구라도 소진의 위험성을 안고 있음을 인정하고, 소진을 개인의 책임으로 돌리지 않도록 하는 것이다. 이를 위해서 조직은 위기개입자들에게 소진에 대해 교육하고 자기 돌봄을 위한 기회를 제공할 의무가 있으며, 직무에서 경험할 수 있는 충격들을 완화하기 위한 신체–정서적인 지원(업무의 배분에서부터 시작해서 휴식시간의 제공, 외부 전문가 연계, 자문 등)을 제공해야 한다.

한편 Schaufeli, Leiter, Maslach(2009)는 21세기의 직업적인 서비스 제공자 혹은 관리자는 이전 세대에 비해 평생의 헌신을 할 준비가 되어 있지 않고 조직이 천명하는 가치와는 다른 가치를 가질 가능성이 많다고 보았다. 또한 현대의 조직은 대규모화되어 그 조직을 유지하기 위해 요구되는 정치적인 문제, 정책, 재정에 초점을 맞추기 때문에 숭고한 이상을 유지하기 어려우며, 그로 인하여 조직에서 공식적으로 진술한 가치와 실행 중의 가치 사이에서 갈등이 일어날 수 있다. 이러한 갈등상황에서 일하는 위기개입자들은 자연스럽게 소진의 요인들인 탈진, 냉소주의, 비효율성에 취약해진다. 그러므로 조직은 위기개입자가 현장에서 마주하는 외적인 위험요인 이외에 기관에서 경험할 수 있는 조직과 개인간의 가치 갈등, 조직의 가치와 실행중의 가치 갈등을 줄이거나 최소한 개방적으로 논의하는 태도를 가지는 것이 필요하다.

6) 소진에 대한 개입

소진이 개인의 특성뿐만 아니라 업무환경, 조직차원의 변수 등에 의해서 점차 발생하는 과정이므로, 소진에 대한 개입 역시 개인적인 측면뿐만 아니라 직무요구의 측면, 조직 환경의 측면에서 개입이 필요하다. 또한 직업 환경과 개인을 포함하는 보다 넓은 환경, 즉 체계 요인(법제화, 정책 등)에 대한 개입도 같이 고려할 필요가 있다.

(1) 개인적인 측면의 개입

위기개입자 개인적인 측면에 개입하는 것은 일정 정도의 소진으로부터

회복시키고 스트레스 수준을 낮추는 것에 중점을 둔다. 개인이 적극적으로 대응해야 하는 것을 전제로 하므로, 소진의 심각한 단계에는 도움이 되지 않는다.

개인적 측면의 개입 예는 다음과 같다.

- 지지집단 참여
- 수퍼비전 받기
- 동료와 이야기하기
- 업무시간 중 휴식시간 갖기
- 업무의 양을 줄이기
- 심리치료 받기
- 소진방지 프로그램에 참여하기
- 휴식을 갖기(휴가 등)
- 가족과 시간을 보내기
- 명상
- 운동
- 충분한 수면을 취함
- 균형 잡힌 식사를 거르지 않고 함
- 영적인 경험을 함(종교 활동, 자원봉사 등)

(2) 조직 측면의 개입

조직은 정기적으로 위기개입자들의 직무만족도를 평가하고 소진의 위험에 놓인 조직 구성원들에 대해 지원할 것을 명확하게 알려, 모든 조직구성원들이 인식하고 있어야 한다.

소진 예방을 위해 조직에서 모든 조치를 취했음에도 불구하고 소진의 징후가 나타났을 때는 회복을 위한 지원을 제공해야 하며, 그 예는 다음과 같다.

- 기관차원에서 승인된 장기간의 휴가
- 의료 지원 연계
- 심리적 지원 연계
- 업무의 재분배

소진 대응 처리 흐름도

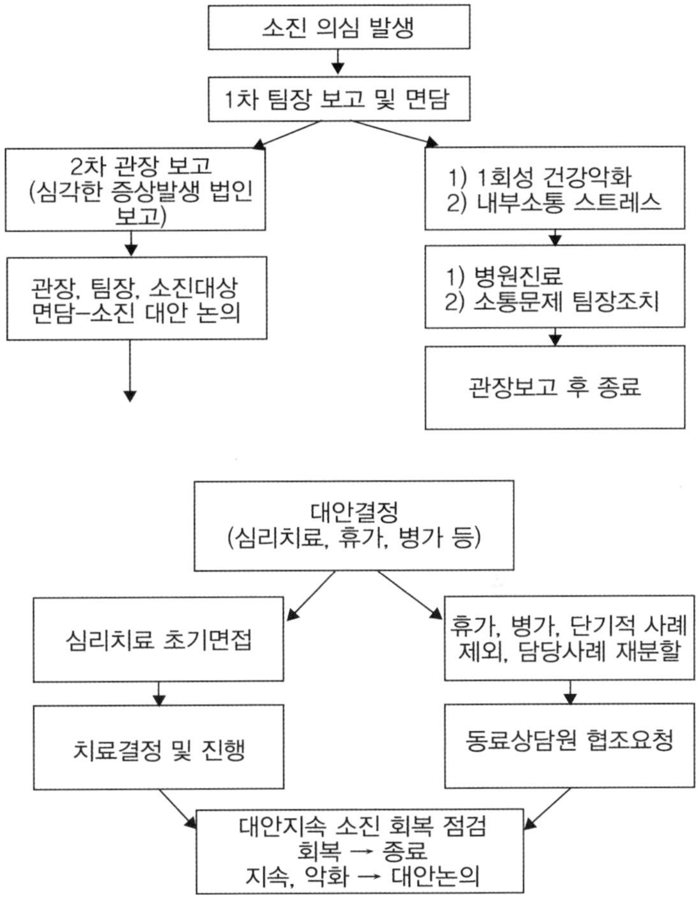

출처: 서울마포아동보호전문기관 소진 대응 처리 흐름도

이 흐름도를 보면, 직원 중 누군가가 소진되었다고 판단되면 1차적으로 팀장과 면담을 진행한다. 만약 1회성 건강 악화거나 내부의 소통 어려움으로 인한 스트레스가 원인이라면 병원 진료를 받거나 소통 문제에 대해 팀장이 조치를 취하게 된다. 만약 일시적인 건강 악화가 아닌 보다 심각한 종류의 건강 문제이거나 해당 직원이 심리적인 어려움을 경험하고 있는 것으로 나타난다면 심리치료, 휴가 등을 이용하여 조금 더 장기적인 측면에서 개입하게 된다. 심리치료를 받기도 하고, 휴가를 사용하거나 단기적으로 사례 배정을 제외받는 등 업무량을 조절하는 방법으로 해당 직원이 소진에서 회복될 수 있는 환경을 마련한다. 이러한 조치가 진행된 후 소진 회복의 정도를 점검하여 회복이 되는 경우 이 흐름이 종결되지만 그렇지 않은 경우에는 다시 대안을 논의하게 된다.

이러한 절차를 만들고 그것을 실행함으로써 조직구성원들은 자신이 소진될 수 있음을 조직 차원에서 인정받고 소진을 예방하거나 혹은 회복되기 위해 동료들의 협조를 얻을 수 있음을 알 수 있다. 조직 측면에서의 개입은 그러한 문화를 만들고 실제로 문제가 발생하였을 때 개입할 수 있는 절차, 여러 가지 방안들을 만들어 놓는 것이 중요하다.

3. 기본적인 행동지침 및 가이드라인

1) 소진의 측정

소진에 대한 연구는 주로 돌봄을 제공하고 타인들과의 상호작용을 주된 업무로 하는 대인서비스에 종사하는 직군에 한하여 진행되었으나 1990년대 이후로는 사람을 상대로 하지 않는 보다 광범위한 영역에까지 확장되었다. 이에 소진을 측정하는 도구도 직업 유형에 따라 여러 가지가 있다.

(1) MBI 휴먼 서비스(Maslach Burnout Inventory–Human Service Survey, MBI–HSS)

MBI－HSS(Maslach Burnout Inventory－Human Service Survey)는 인적서비스 종사자의 소진을 측정하는 데 널리 이용되고 있는 척도이며, 1980년대 초 Maslach와 Jackson(1981)에 의해 개발되었다. 총 22개 문항으로 구성되어 있다.

이외에, 교육자용과 일반용 MBI가 있으며 저작권은 Mind Garden (https://www.mindgarden.com/)에 있으므로 측정 대상에 따라 필요한 만큼 구입하여 사용할 수 있다.

(2) OLBI(Olderberg Burnout Inventory)

Demerouti(1999)가 개발한 척도로, 감정적 소진과 일로부터의 심리적 이탈이라는 두 개의 하위 영역으로 구성되어 있다. 감정적 소진 5문항, 일로부터의 심리적 이탈 5문항으로 총 10개의 문항이 있다. 점수 범위는 10~50점으로 점수가 높을수록 소진 정도가 높음을 의미한다.

문항	매우 그렇다	그렇다	보통이다	그렇지 않다	매우 그렇지 않다
나는 대개 일을 한 후에 피로감과 함께 녹초가 됨을 느낀다.					
나에게 할당된 업무량은 충분히 견딜만한 양이다.*					
일을 한 후에도 여가활동을 즐길 수 있을 만큼 충분한 힘이 남아 있다.*					
나는 몸의 회복을 위해서 일한 시간보다 더 많은 시간을 쉬어야 한다.					
나는 일을 한 후에 감정까지도 메마르게 된다.					
나는 내가 하는 일이 별 볼일 없는 일이라고 말하곤 한다.					
내가 하는 일은 기계적인 일이다.					
나는 일을 하면 할수록 그 일에 몰입하게 된다.*					
내가 하는 일이 지겹고 신물이 난다.					
내가 하는 일은 나에게 도전을 준다.*					

* 문항은 역채점 문항임

(3) 상담자 소진 척도(Korean Counselor Burnout Inventory: K-CBI)

상담자의 소진척도(Counselor Burnout Inventory, Lee et al., 2007)를 Yu(2007)가 한국문화에 맞게 타당화한 척도이다. 상담자라는 특성에 맞추어 하위요인으로는 신체적 피로감 4문항, 무능감 4문항, 비협조적 업무환경 4문항, 내담자 가치 저하 4문항, 사생활 악화 4문항, 총 20문항으로 구성되어 있다.

번호	문항	전혀 그렇지 않다	그렇지 않다	보통 이다	대체로 그렇다	매우 그렇다
1	상담자라는 직업 때문에, 나는 대부분의 시간에 피곤함을 느낀다.	1	2	3	4	5
2	나는 내가 무능한 상담자같이 여겨진다.	1	2	3	4	5
3	나는 직장에서 불공정한 대우를 받고 있다.	1	2	3	4	5
4	나는 내 내담자와 그들의 문제에 관심이 없다.	1	2	3	4	5
5	상담자라는 나의 직업이 나와 가족 간의 관계에 부정적인 영향을 미친다.	1	2	3	4	5
6	상담자로서의 업무 때문에, 나는 모든 에너지가 고갈되는 느낌이다.	1	2	3	4	5
7	나는 내가 상담자로서 효율적으로 일하고 있는가에 대해 좌절감을 느낀다.	1	2	3	4	5
8	나의 직장 수퍼바이저가 나에 대해 부정적인 태도를 지니고 있는 것 같이 느껴진다.	1	2	3	4	5
9	나는 내담자들에 대해 점차 무감각해져 간다.	1	2	3	4	5
10	나는 내 개인적인 일들을 할만한 충분한 시간이 없는 것 같다.	1	2	3	4	5
11	나는 상담자라는 내 직업 때문에 지나친 스트레스를 받는다.	1	2	3	4	5
12	나는 나의 상담 기술에 자신이 없다.	1	2	3	4	5
13	나는 직장 내의 업무체계에 꼼짝없이 묶여 있는 기분이다.	1	2	3	4	5
14	나는 내담자에 대해 감정이입이 잘 안된다.	1	2	3	4	5
15	나는 내 친구들과 보낼 충분한 시간이 없다고 여겨진다.	1	2	3	4	5
16	나는 상담자라는 직업 때문에 어깨와 허리가 경직됨을 느낀다.	1	2	3	4	5
17	나는 내가 내담자들에게 어떤 긍정적인 변화를 가져오는 것 같지 않다.	1	2	3	4	5
18	나는 내 직장 내의 업무체계 때문에 좌절감을 느낀다.	1	2	3	4	5

19	나는 내담자들의 행복이 더 이상 걱정되지 않는다.	1	2	3	4	5
20	나는 일과 내 개인생활 사이의 경계가 분명하지 않게 느껴진다.	1	2	3	4	5

요인	문항번호
신체적 피로감	1, 6, 11, 16
무능감	2, 7, 12, 17
비협조적 업무환경	3, 8, 13, 18
내담자 가치 저하	4, 9, 14, 19
사생활 악화	5, 10, 15, 20

(4) 전문가 삶의 질 척도(Professional Quality of Life scale: ProQOL)

ProQOL 도구는 공감만족(Compassion Satisfaction) 10문항, 소진(Fatigue) 10문항과 이차적 외상 스트레스(Secondary Traumatic Stress) 10문항 등 총 30문항으로 구성되어 있다. 각 문항에 대해 '전혀 그렇지 않다' 1점부터 '매우 자주 그렇다' 5점까지의 5점 likert 척도로 이루어져 있으며 점수가 높을수록 전문직 삶의 질 정도가 높은 것을 의미한다.

MBI－HSS처럼 다른 이들을 돕는 직업을 가진 이들을 대상으로 하며, 피로감 이외에 공감만족과 이차적 외상 스트레스 역시 측정하므로 업무상 2차적 외상 스트레스가 있는 직업군에서 적용하기에 좋다.

여러분이 누군가를 [도울] 때, 여러분은 그들의 삶에 직접적으로 접촉하게 됩니다. 여러분이 알다시피, 스스로 누군가를 도와줄 때 생기는 공감은 여러분에게 긍정적, 혹은 부정적인 영향을 줄 수 있습니다. 아래는 [돕는] 이로서 겪었던 긍정적, 또는 부정적인 경험들에 대한 질문들입니다.

현재 여러분과 여러분의 작업 환경에 대한 아래 질문들을 잘 생각해 주십시오. 그리고 나서 지난 30일간 아래 사항들을 얼마나 자주 경험했는지 솔직하게 답변해 주시기 바랍니다.

1= 전혀 그렇지 않다. 2= 거의 그렇지 않다. 3= 가끔 그렇다.
4= 자주 그렇다. 5= 매우 자주 그렇다.

____ 1. 나는 행복하다.
____ 2. 나는 내가 [돕고 있는] 한 사람 이상에게 몰두한다.
____ 3. 나는 내가 다른 사람을 [도울 수 있다는] 사실에 만족을 느낀다.
____ 4. 나는 다른 사람과 내가 인연이 있다고 느낀다.
____ 5. 나는 예상치 못한 소리에 깜짝 놀라거나 펄쩍 뛴다.
____ 6. 나는 내가 [도움을 준] 사람들과 함께 일을 한 후 활기를 얻는다.
____ 7. 나는 [돕는 이]로서의 삶과 내 개인적인 삶을 분리시키기 어렵다.
____ 8. 나는 내가 [도운] 사람이 겪은 외상 경험 때문에 잠을 이루지 못해 일에 있어 생산적이지 못하다.
____ 9. 나는 내가 [도운] 사람들이 받은 외상적인 압박에 영향을 받았을지도 모른다고 생각한다.
____ 10. 나는 [돕는 이]로서 내 직업에 갇혀있음을 느낀다.
____ 11. 나의 [돕는 행동]으로 인해, 나는 여러 일에 있어 “초조함”을 느낀다.
____ 12. 나는 [돕는 이]로서 나의 일을 좋아한다.
____ 13. 나는 내가 [도운] 사람들이 겪은 외상 경험 때문에 우울하다.
____ 14. 나는 내가 [도왔던] 누군가가 겪은 외상을 경험하는 것처럼 느낀다.
____ 15. 나를 지탱해 주는 신념을 갖고 있다.
____ 16. 나는 [돕는] 기술과 계획서들을 알 수 있음에 만족한다.
____ 17. 나는 현재, 내가 늘 원해왔던 사람이다.
____ 18. 내 일은 나에게 만족을 준다.
____ 19. 나는 [돕는 이]로서의 일 때문에 피곤하다.
____ 20. 나는 내가 [도움을 준] 사람들과 내가 어떻게 그들을 도울 수 있었는지에 대한 행복한 생각과 느낌을 갖고 있다.
____ 21. 나는 내가 맡은 사례[업무]의 양이 끝이 없는 것처럼 보여 어찌할 바를 모르겠다.
____ 22. 나는 나의 일을 통해 변화를 만들 수 있다고 믿는다.
____ 23. 나는 내가 [도운] 사람들이 겪은 무서운 경험들이 생각나게 하는 특정 상황이나 활동들을 피한다.
____ 24. 나는 내가 남을 [도울] 수 있다는 것이 자랑스럽다.
____ 25. 내가 하고 있는 [돕는 일]의 결과로, 나는 거슬리고 무서운 생각들을 갖고 있다.
____ 26. 나는 시스템에 의해 “꼼짝할 수 없다.”
____ 27. 나는 [돕는 이]로서 “성공한 사람”이라는 생각을 한다.
____ 28. 나는 외상환자들과의 업무에 중요한 부분들을 회상할 수 없다.

____ 29. 나는 매우 매력적인 사람이다.
____ 30. 나는 내가 선택한 이 길이 행복하다.

이 부분에서는, 여러분의 테스트 결과 점수를 매기고, 여러분의 점수와 아래 나온 설명을 비교할 수 있을 것입니다.

나의 점수와 각 점수에 따른 의미부분별 점수를 찾기 위해, 부분별로 왼쪽에 나열된 질문 번호들에 표시한 점수들을 합하고, 오른쪽 표에서 여러분의 점수를 찾습니다.

공감만족 척도

3.( ) + 6.( ) + 12.( ) + 16.( ) +
18.( ) + 20.( ) + 22.( ) + 24.( ) +
27.( ) + 30.( ) = 총 합계( )

공감 만족 질문의 총합	이에 따른 나의 점수	나의 공감 수준
22 또는 그 이하	43 또는 그 이하	하
23~41 사이	약 50	평균
42 또는 그 이상	57 또는 그 이상	상

소진 척도

*1.( ) + *4.( ) + 8.( ) + 10.( ) +
*15.( ) + *17.( ) + 19.( ) + 21.( ) +
26.( ) + *29.( ) = 총 합계( )
※ 문항의 점수는 아래 표시된 대로 바꾸어 주십시오.
0 = 0, 1 = 5, 2 = 4, 3 = 3, 4 = 2, 5 = 1

소진 질문의 총합	이에 따른 나의 점수	나의 공감 수준
22 또는 그 이하	43 또는 그 이하	하
23~41 사이	약 50	평균
42 또는 그 이상	57 또는 그 이상	상

2차성 외상 척도

2.(   ) + 5.(   ) + 7.(   ) + 9.(   ) +
11.(   ) + 13.(   ) + 14.(   ) + 23.(   ) +
25.(   ) + 28.(   ) = 총 합계(   )

이차성 외상 질문의 총합	이에 따른 나의 점수	나의 공감 수준
22 또는 그 이하	43 또는 그 이하	하
23~41 사이	약 50	평균
42 또는 그 이상	57 또는 그 이상	상

※ This Korean version is translated by Yi Kyeong-A and Mak Kwok-Kei.

(5) 정신건강전문가용 간접 트라우마 관리 척도(Secondary Trauma Care Inrentory: STCI)

주혜선, 조윤화, 안현의(2016)에 의해 개발된 간접 트라우마 관리 척도로 개인차원의 관리를 묻는 16개 문항과 기관 차원의 관리를 묻는 5개 문항으로 이루어져 있다.

[개인차원]

극단적인 사건이나 트라우마를 경험한 사람들과의 직무 수행에 따른 영향들을 개인적으로 어떻게 관리하고 있는지를 떠올려보시고 아래의 문항에 답변해 주시기 바랍니다.

전혀 아니다 ——— 매우 그렇다

1 2 3 4 5

1. 충분한 수면을 취한다.
2. 규칙적인 식사를 한다.
3. 몸이 아프거나 피곤할 때 휴식을 취한다.
4. 가까운 사람들과 즐거운 활동을 종종 같이 한다.
5. 가까운 사람들에게 마음을 터놓고 지지와 도움을 받는다.
6. 주요 타인과 갈등을 잘 해결하는 편이다.
7. 수퍼바이저나 상사로부터 사례와 관련된 자문과 지지를 구한다.
8. 힘든 사례에 대해서 동료들과 이야기하고 지지를 받는다.
9. 내담자 및 직장에서 일하는 사람들 사이에서 나의 한계를 분명하게 한다.
10. 직장이나 내담자로부터 무리한 요구가 있을 때 이를 거절한다.
11. 내담자와 경계에 대해 명확하게 대화를 나누고 합의한다.
12. 변화에 대한 믿음과 희망을 가지고 있다.
13. 내가 중요하다고 생각하는 가치와 관련된 활동을 한다(예: 종교생활, 자원봉사 등).
14. 내담자의 경험을 다양한 관점에서 바라보고 재해석한다.
15. 내담자의 경험과 나의 삶을 분리해서 보려고 노력한다.
16. 내가 이 직업을 선택한 이유를 떠올리고 의미를 찾는다.

[기관차원]

극단적인 사건이나 트라우마를 경험한 사람들과의 직무 수행에 따른 영향들을 당신이 근무하는 기관에서 어떻게 관리하고 있는지를 떠올려보시고 아래의 문항에 답변해 주시기 바랍니다.

전혀 아니다 ——— 매우 그렇다

1 2 3 4 5

17. 심각한 트라우마 사례를 본 후에 충격 완화가 필요할 때는 업무 시간 내 휴식을 고려해 준다.
18. 내담자의 트라우마 경험으로 인해 상담자가 심각한 영향을 받았을 때 상담자를 위한 심리적 지원(예: 외부 트라우마 전문가 연계, 수퍼비전, 자문 등)을 한다.
19. 상담자의 자기 돌봄에 대한 교육이나 정보를 제공한다.

20. 주요 직책을 맡고 있는 사람들이 실무자들의 자기 돌봄의 중요성에 대해서 언급한다.
21. 직무만족도를 주기적으로 평가한다.

전문가용 간접 트라우마 관리 척도(STCI) 채점지

개인차원 간접 트라우마 관리			
신체적 조절	주도적 관계자원 활용	심리적 경계설정	의미 추구
1. ______ 2. ______ 3. ______	4. ______ 5. ______ 6. ______ 7. ______ 8. ______	9. ______ 10. ______ 11. ______	12. ______ 13. ______ 14. ______ 15. ______ 16.
1단계: 총점= ______점 (1~16번 문항 총점) ※ 총점 변환 원점수 총점 52점 이하 → T점수 39점 이하 의미 → 낮은 수준 의미 원점수 총점 53점~69점 → T점수 40점~60점 의미 → 중간 수준 의미 원점수 총점 70점 이상 → T점수 61점 이상 의미 → 높은 수준 의미			

기관차원 간접 트라우마 관리
17. ______ 18. ______ 19. ______ 20. ______ 21. ______
총점= ______점 (17~21번 문항 총점) ※ 총점 변환 원점수 총점 8점 이하 → T점수 39점 이하 의미 → 낮은 수준 의미 원점수 총점 9점~18점 → T점수 40점~61점 의미 → 중간 수준 의미 원점수 총점 19점 이상 → T점수 62점 이상 의미 → 높은 수준 의미

[STCI] 요약표

간접 트라우마 관리 수준			
개인차원 수준		기관차원 수준	
낮은 수준		낮은 수준	
중간 수준		중간 수준	
높은 수준		높은 수준	

2) 조직에 대한 점검

(1) 한국인 직무스트레스 측정도구(Korean Occupational Stress Scale: KOSS)

장세진 외(2005)가 개발한 한국인의 직무 스트레스 측정도구로, 8개 하부영역 총 43개 항목의 설문으로 구성되어 있으며, 일반적이고 보편적인 의미에서의 직무스트레스 요인을 평가하기 위한 문항들로 구성되어 있다. 이 척도는 소진을 직접 측정하지는 않으나, 소진에 영향이 있는 것으로 되어 있는 여러 요인들을 측정하므로 소진 척도와 함께 사용함으로써 개인과 조직을 전반적으로 점검할 수 있다는 장점이 있다.

각 하위영역은 다음과 같다.

- **물리환경**: 작업방식의 위험성, 공기의 오염, 신체 부담 등
- **직무요구**: 시간적 압박, 업무량 증가, 업무 중 중단, 책임감, 과도한 직무부담 등
- **직무자율**: 기술적 재량 및 자율성, 업무예측가능성, 직무수행권한 등
- **관계갈등**: 동료의 지지, 상사의 지지, 전반적 지지 등
- **직무불안정**: 구직기회, 고용불안정성 등
- **조직체계**: 조직의 정략 및 운영체계, 조직의 자원, 조직 내 갈등, 합리적 의사소통 등
- **보상부적절**: 존중, 내적동기, 기대부적합 등
- **직장문화**: 한국적인 집단주의적 문화, 비합리적인 의사소통체계, 비공식적 직장문화 등

직무스트레스 측정도구(기본형)

* 현재 일하면서 귀하의 생각이나 느낌에 가장 가까운 곳에 "∨" 표시를 하여 주시기 바랍니다.

구분	내 용	전혀 그렇지 않다	그렇지 않다	그렇다	매우 그렇다
물리환경	1. 근무 장소가 깨끗하고 쾌적하다.	4	3	2	1
	2. 내 일은 위험하며 사고를 당할 가능성이 있다.	1	2	3	4
	3. 내 업무는 불편한 자세로 오랫동안 일을 해야 한다.	1	2	3	4
직무요구	4. 나는 일이 많아 항상 시간에 쫓기며 일한다.	1	2	3	4
	5. 현재 하던 일을 끝내기 전에 다른 일을 하도록 지시 받는다.	1	2	3	4
	6. 업무량이 현저하게 증가하였다.	1	2	3	4
	7. 나는 동료나 부하직원을 돌보고 책임져야 할 부담을 안고 있다.	1	2	3	4
	8. 내 업무는 장시간 동안 집중력이 요구된다.	1	2	3	4
	9. 업무 수행 중에 충분한 휴식(짬)이 주어진다.	4	3	2	1
	10. 일이 많아서 직장과 가정에 다 잘하기가 힘들다.	1	2	3	4
	11. 여러 가지일을 동시에 해야 한다.	1	2	3	4
직무자율	12. 내 업무는 창의력을 필요로 한다.	4	3	2	1
	13. 업무관련 사항(업무의 일정, 업무량, 회의시간 등)이 예고 없이 갑작스럽게 정해지거나 바뀐다.	1	2	3	4
	14. 내 업무를 수행하기 위해서는 높은 수준의 기술이나 지식이 필요하다.	4	3	2	1
	15. 작업시간, 업무수행과정에서 나에게 결정할 권한이 주어지며 영향력을 행사 할 수 있다.	4	3	2	1
	16. 나의 업무량과 작업스케줄을 스스로 조절할 수 있다.	4	3	2	1
관계갈등	17. 나의 상사는 업무를 완료하는 데 도움을 준다.	4	3	2	1
	18. 나의 동료는 업무를 완료하는 데 도움을 준다.	4	3	2	1
	19. 직장에서 내가 힘들 때 내가 힘들다는 것을 알아주고 이해해 주는 사람이 있다.	4	3	2	1

	20. 직장생활의 고충을 함께 나눌 동료가 있다.	4	3	2	1
직무 불안정	21. 지금의 직장을 옮겨도 나에게 적합한 새로운 일을 쉽게 찾을 수 있다.	4	3	2	1
	22. 현재의 직장을 그만두더라도 현재 수준만큼의 직업(직장)을 쉽게 구할 수 있다.	4	3	2	1
	23. 직장사정이 불안하여 미래가 불확실하다.	1	2	3	4
	24. 나의 직업은 실직하거나 해고당할 염려가 없다.	4	3	2	1
	25. 앞으로 2년 동안 현재의 내 직업을 잃을 가능성이 있다.	1	2	3	4
	26. 나의 근무조건이나 상황에 바람직하지 못한 변화(예: 구조조정)가 있었거나 있을 것으로 예상된다.	1	2	3	4
조직체계	27. 우리 직장은 근무평가, 인사제도(승진, 부서 배치 등)가 공정하고 합리적이다.	4	3	2	1
	28. 업무수행에 필요한 인원, 공간, 시설, 장비, 훈련 등의 지원이 잘 이루어지고 있다.	4	3	2	1
	29. 우리 부서와 타 부서 간에는 마찰이 없고 업무협조가 잘 이루어진다.	4	3	2	1
	30. 근로자, 간부, 경영주 모두가 직장을 위해 한마음으로 일을 한다.	4	3	2	1
	31. 일에 대한 나의 생각을 반영할 수 있는 기회와 통로가 있다.	4	3	2	1
	32. 나의 경력개발과 승진은 무난히 잘 될 것으로 예상한다.	4	3	2	1
	33. 내 현재 직위는 나의 교육 및 경력에 비추어 볼 때 적절하다.	4	3	2	1
보상 부적절	34. 나의 직업은 내가 평소 기대했던 것에 미치지 못한다.	1	2	3	4
	35. 나의 모든 노력과 업적을 고려할 때 내 봉급/수입은 적절하다.	4	3	2	1
	36. 나의 모든 노력과 업적을 고려할 때, 나는 직장에서 제대로 존중과 신임을 받고 있다.	4	3	2	1
	37. 나는 지금 하는 일에 흥미를 느낀다.	4	3	2	1
	38. 내 사정이 앞으로 더 좋아질 것을 생각하면 힘든 줄 모르고 일하게 된다.	4	3	2	1
	39. 나의 능력을 개발하고 발휘할 수 있는 기회	4	3	2	1

	가 주어진다.				
직장문화	40. 회식자리가 불편하다.	1	2	3	4
	41. 나는 기준이나 일관성이 없는 상태로 업무 지시를 받는다.	1	2	3	4
	42. 직장의 분위기가 권위적이고 수직적이다.	1	2	3	4
	43. 남성, 여성이라는 성적인 차이 때문에 불이익을 받는다.	1	2	3	4

한국인 직무스트레스 기본형 참고치(남자용)

항목	본인 점수	회사 평균	참고치				점수의 의미
			하위 25%	하위 50%	상위 50%	상위 25%	
물리환경			33.3 이하	33.4~ 44.4	44.5~ 66.6	66.7 이상	점수가 높을수록 물리환경이 상대적으로 나쁘다.
직무요구			41.6 이하	41.7~ 50.0	50.1~ 58.3	58.4 이상	점수가 높을수록 직무요구도가 상대적으로 높다.
직무자율			46.6 이하	46.7~ 53.3	53.4~ 60.0	60.1 이상	점수가 높을수록 직무자율성이 상대적으로 낮다.
관계갈등			–	33.3 이하	33.4~ 50.0	50.1 이상	점수가 높을수록 관계갈등이 상대적으로 높다.
직무 불안정			44.4 이하	44.5~ 50.0	50.1~ 61.1	61.2 이상	점수가 높을수록 직업이 상대적으로 불안정하다.
조직체계			42.8 이하	42.9~ 52.3	52.4~ 61.9	62.0 이상	점수가 높을수록 조직이 상대적으로 체계적이지 않다.
보상 부적절			55.5 이하	55.6~ 66.6	66.7~ 77.7	77.8 이상	점수가 높을수록 보상체계가 상대적으로 부적절하다.
직장문화			33.3 이하	33.4~ 41.6	41.7~ 50.0	50.1 이상	점수가 높을수록 직장문화가 상대적으로 스트레스요인이다.
기본형 총점			45.0 이하	45.1~ 50.7	50.8~ 56.5	56.6 이상	점수가 높을수록 직무스트레스가 상대적으로 높다.

한국인 직무스트레스 기본형 참고치(여자용)

항 목	본인 점수	회사 평균	참고치				점수의 의미
			하위 25%	하위 50%	상위 50%	상위 25%	
물리환경			33.3 이하	33.4~ 44.4	44.5~ 55.5	55.6 이상	점수가 높을수록 물리환경이 상대적으로 나쁘다.
직무요구			41.6 이하	41.7~ 54.1	54.2~ 62.5	62.6 이상	점수가 높을수록 직무요구도가 상대적으로 높다.
직무자율			53.3 이하	53.4~ 60.0	60.1~ 66.6	66.7 이상	점수가 높을수록 직무자율성이 상대적으로 낮다.
관계갈등			–	33.3 이하	33.4~ 41.6	41.7 이상	점수가 높을수록 관계갈등이 상대적으로 높다.
직무 불안정			38.8 이하	38.9~ 50.0	50.1~ 55.5	55.6 이상	점수가 높을수록 직업이 상대적으로 불안정하다.
조직체계			42.8 이하	42.9~ 52.3	52.4~ 61.9	62.0 이상	점수가 높을수록 조직이 상대적으로 체계적이지 않다.
보상 부적절			55.5 이하	55.6~ 66.6	66.7~ 77.7	77.8 이상	점수가 높을수록 보상체계가 상대적으로 부적절하다.
직장문화			33.3 이하	33.4~ 41.6	41.7~ 50.0	50.1 이상	점수가 높을수록 직장문화가 상대적으로 스트레스요인이다.
기본형 총점			49.5 이하	49.6~ 51.1	51.2~ 56.6	56.7 이상	점수가 높을수록 직무스트레스가 상대적으로 높다.

- 점수의 산출

> 각 영역별 환산점수 = (실제점수 - 문항수)×100/(예상 가능한 최고점수 - 문항수)
> 직무스트레스 총 점수 = (각 8개 영역의 환산점수의 총합)/8

- 참고치의 의미: 한국인 직무스트레스 평가표는 대상 근로자의 실제점수와 회사(또는 부서) 평균점수 및 전국 근로자의 4분위수를 제시한 것으로 대상 근로자의 직무스트레스 점수가 어떤 범위에 포함되는가를

비교할 수 있다.

※ 참고치 상위 25%: 전국 근로자중 직무스트레스가 높은 상위 25%에 해당하는 점수

- **점수의 의미**: 각 항목의 직무스트레스 점수가 어떤 범위에 포함되는가에 대한 정보를 알 수 있도록 한 것으로 참고치의 점수가 낮은 방향으로의 관리가 필요하다.

- **한국인 직무스트레스 측정 도구의 활용상의 제한점**

ㅇ 본 측정도구는 근로자의 직무스트레스관리를 위한 상대적인 평가도구로서 집단에 대한 평가를 위해 사용할 수 있으나, **개인에 대한 절대평가도구로는 사용을 제한함**.
ㅇ 한국인 직무스트레스 측정도구의 참고치는 **각 영역별로 나타난 점수의 의미를 활용**하는 것이 바람직하며, 총점 사용은 가능한 한 제한함.

(2) 기관의 자기 평가(Trauma-informed organizational self-assessment)

이 평가지는 기관이 외상에 대한 정보를 제공하는 모델을 실천하고 있는지 검토하기 위해 사용된다. 직접적인 서비스 제공자(전일제, 시간제, 대체), 수퍼바이저 사례관리자, 임상가, 행정가(예: 프로그램 매니저, 팀장, 부장 등)와 지원 스태프(예: 사무 지원, 관리, 취사 인력 등) 모두에게 실시된다. 지난 6개월간의 경험에 의해 평가지를 작성해야 하며, "매우 동의하지 않음, 동의하지 않음, 동의함, 매우 동의함, 모름, 나의 역할에 적용 불가능" 중 하나를 선택한다.

외상이 소진의 직접적인 원인이라고 볼 수는 없으나 위험요인의 하나이며, 위험요인을 이와 같은 평가지를 통하여 어떻게 관리하고 있는지를 평가하는 것은 기관에서 위기개입자를 위해 해야 하는 일이다. 다음의 평가지는 Trauma-Informed Organizational Toolkit에 제시된 자기평가서의 일부(스태프 개발 지원)를 수정한 것이다.

A. 훈련과 교육	매우 동의하지 않음	동의하지 않음	동의함	매우 동의함	모름	나의 역할에 적용 불가능함
※ 프로그램의 모든 직급의 스태프는 다음 주제에 대한 훈련과 교육을 받는다.						
1. 외상성 스트레스가 무엇인지						
2. 외상성 스트레스가 뇌와 신체에 어떻게 영향을 미치는지						
3. 정신건강과 외상 간의 관계						
4. 약물 사용과 외상 간의 관계						
5. 조직의 개입 주제 (예: 가정폭력)와 외상과의 관계						
6. 외상이 아동의 발달에 어떻게 영향을 미치는지						
7. 트라우마가 아동의 양육자에 대한 애착에 어떻게 영향을 미치는지						
8. 아동기 트라우마와 성인의 재희생자화(예: 가정폭력, 성폭력) 간의 관계						
9. 문화의 차이(예: 문화에 따라 다른 행동, 종교의식)						
10. 사람들이 외상을 이해하고 그것에 반응하는 것이 문화에 따라 얼마나 다른지						
11. 트라우마 생존자와 일하는 것이 스태프에 어떻게 영향을 주는지						
12. 생존자들이 촉발요인(예: 과거에 발생했던 위험하거나 무서운 일을 떠올리게 하는 것)을 파악하도록 어떻게 돕는지						
13. 생존자들이 그들의 감정(예: 무력감, 격노, 슬픔, 공포 등)을 다루도록 어떻게 돕는지						
14. 완화 전략(예: 사람들이 위기의 정점에 닿기 전에 진정시키도록 돕는 방법)						
15. 안전과 위기 개입 계획을 어떻게 발전시키는지						
16. 초기 면접에서 질문할 것						
17. 어떻게 건강한 직업적 경계를 설정하고 유지하는지						

B. 스태프 수퍼비전, 지원과 자기 돌봄	매우 동의하지 않음	동의하지 않음	동의함	매우 동의함	모름	나의 역할에 적용 불가능함
18. 스태프들은 정기적인 팀 미팅을 가진다.						
19. 외상과 관련된 주제는 팀 미팅에서 다루어진다						
20. 자기 돌봄에 관련된 주제는 팀 미팅에서 다루어진다(예: 간접 외상, 소진, 스트레스 감소 전략)						
21. 스태프 멤버들은 정기적으로 정해진 시간에 개인 수퍼비전을 받는다.						
22. 스태프 멤버는 외상에 대한 이해를 훈련받은 수퍼바이저로부터 개인 수퍼비전을 받는다.						
23. 수퍼비전 시간의 일부는 스태프 멤버들이 그들 자신의 스트레스 반응을 이해하도록 돕는 데 사용된다.						
24. 수퍼비전 시간의 일부는 스태프 멤버들이 그들의 스트레스 반응이 생존자와의 작업에 어떻게 영향을 미치는지 이해하도록 돕는 데 사용된다.						
25. 프로그램은 위기 이후에 스태프 멤버들이 디브리핑하도록 돕는다.						
26. 프로그램은 스태프 성취를 검토하는 공식적인 체계를 가지고 있다.						
27. 프로그램은 현직 스태프(on-going staff)가 프로그램을 평가할 기회를 제공한다.						
28. 프로그램은 프로그램 실무에 스태프가 정보를 제공할 기회를 제공한다(The program provides opportunities for staff input into program practices).						
29. 외상 분야의 외부 자문가는 지속적인 교육과 자문을 제공한다.						

4. 위기개입자의 심리적 소진을 위한 실습 및 슈퍼비전 모델

위기에 처한 사람에게 정신건강서비스를 제공하는 위기개입자의 공감적인 관여는 효과적인 위기개입에 필수적이다. 그러나 외상경험을 한 사람들에게 서비스를 제공하는 위기개입자들이 스스로 처리할 수 있는 수준을 넘어서는 경우 경험하게 되는 심리적 어려움, 즉 이차적 외상 스트레스(secondary traumatic stress), 공감피로(compassion fatigue), 대리외상(vacarious traumatization) 등으로 불리는 심각한 영향을 받게 된다(Figley, 1995; Joinson, 1992; Pearlman & Saakvitne, 1995). 외상경험 등 위기를 경험한 사람들과 접하는 위기개입자는 그렇지 않은 사람들에게 서비스를 제공하는 전문가들과 비교했을 때 더 높은 수준의 이차적인 스트레스를 경험한다(Birck, 2001; Kadambi & Truscott, 2008).

최근 연구들은 공감적인 관여에 의해 파괴적인 영향을 경험하는 위기개입자들을 보호하기 위해 주로 자기관리를 강조하고 있다(Figley, 2002; Mathieu, 2012; Pearlman & Saakvitne, 1995; van Dernoot Lipsky, 2009). 하지만 임상실습과 슈퍼비전 모델을 제시하여 위기를 경험한 사람들과의 위기개입서비스 제공 과정에서 공감피로가 생기지 않도록 보호해야 함의 중요성을 강조하는 전문가모델도 있다. 이 모델은 위기상황에 개입하는 동안 위기개입자의 정서 상태에 영향을 줌으로써, 외상에 대한 서비스를 제공하는 과정에서 경험할 수 있는 고통의 수준을 감소시킬 수 있을 것이라고 기대한다. 또한 외상 관련 서비스를 제공하는 동안 자신의 정서적인 조절에 대한 구체적인 기술을 갖고 있는 위기개입자는 어려움을 경험하지 않을 것으로 본다. 이러한 배경에서 Clinical engagement and reducing trauma(CE−CERT)모델을 소개한다.

1) CE-CERT 증진의 구성요소

CE−CERT는 경험적 관여(Experiential Engagement), 반추조절(Regulation

rumination), 의식적인 네러티브(Conscious Narrative), 정서적 노력 감소(Reducing emotional labor), 부교감회복(Parasympathetic recovery) 등의 5가지 요소로 구성되어 있다.

(1) 경험적 관여(Experiential Engagement)

경험적 관여는 위기개입자가 어려움에 처한 사람과 이들의 경험에 대한 관계를 수립하고 균형과 관계유지는 물론, 그 결과로 인해 발생하는 감정을 인정하고 경험하기 위해 사용하는 기술의 집합을 의미한다. 과도하게 관여하거나 걱정을 많이 하는 것은 공감피로의 근원이 되기 때문에 많은 연구에서 공감적인 관여를 제한할 필요성을 지적한다(Aarons, Hurlburt, & Horwits, 2011; Figley, 1995; Pearlman, 1995; Saakvitne, 2002; Udipi, Veach, Kao, & LeRoy, 2008; Williams, 1989). 개인적으로 조절되지 않은 외상경험을 들은 후 유발된 정서를 견딜 수 있는 능력은 외상 등의 어려움을 경험한 사람들에게 서비스를 제공하기 위한 전제조건이다. 외상작업은 매우 강렬하고 이 과정에서 위기개입자는 슬픔, 불안, 두려움, 분노와 죄책감을 경험할 수 있다. 하지만 이러한 정서적 경험을 피하거나 제한하려는 것은 오히려 해로울 수 있다.

경험적 관여는 경험회피가 갖는 해로운 영향과 고통스러운 경험을 기꺼이 겪고 그러한 정서에 능숙하게 대처할 수 있도록 도와줄 수 있다. 많은 장애에 동반되는 정서적 경험에 머무르려는 의지는 고통을 조절할 수 있고 증상들을 감소시킨다(Levitt, Brown, Orsillo, & Barlow, 2004; Eifert & Heffiner, 2003; Marx & Sloan, 2005, Hayes et al., 2011).

▪ Skill 1: 지향성(Intentionality)

경험적 관여는 외상과 같은 어려움에 개입하는 과정에서 발생하는 정서를 인정하고 충분히 허용하는 것이다. 다시 말하면 외상과 관련된 모든 정서를 의도적으로 받아들이는 것이다. 정서를 피하거나 낮추려고 하는 시도는 정서적인 과정이 끝나는 것을 허용하지 않기 때문에 위험할 수 있다. 따라서 경험적 관여의 첫 단계는 외상 등과 관련된 경험이 반추적인 생각으로 끊임없이 재생되는 것이 아니라 본래대로 경험되고 해소되도록 하는 것이다.

▪ Skill 2: 경험에 대한 인정(Conscious Acknowledgement of Experience)

경험에 대한 인정은 단순하게 경험을 인정하는 것이다. 위기개입자는 자신의 기분상태의 변화에 적응하는 법을 배워야 하고 주기적으로 '내가 어떤 기분인가?'라고 스스로 질문해야 한다. 감정을 인정하고 표현하는 것은 그 자체로 변화시키는 힘이 된다.

▪ Skill 3: 비반응성(Nonreactivity)

신경생물학적 접근에서, 강렬한 감정을 단순히 알아차리고 허용할 때마다 정서적 에너지와 이에 수반된 생리적 반응이 발생하고 강력해진 다음 점차 사라진다는 사실을 인식해야 한다. 경험적 관여의 목표는 감정을 직접적으로 인식하고 경험하는 것이지만 새로운 경험이 일어나면 감정이 사라지도록 하는 것이다. 사건에 대한 것이 처리되지 않으면 일차적인 경험이 빠르게 발생된다(Verduyn, Van Mechelen, & Tuerlinckx, 2011). 이를 통해 대뇌피질은 사건의 기억을 떠오르게 하고 끝없이 반복적인 정서경험 과정을 되풀이하게 한다. 사건에 대한 처리가 없는 상태에서는 일차적인 정서경험이 빠르게 활성화되고 대뇌 신피질은 사건의 기억을 떠올리고 끊임없이 반복적인 정서경험을 하게 한다. 이러한 이유 때문에 반추과정을 다루어야 한다.

(2) 반추조절(Regulation rumination)

반추조절은 집중적이고 목표 지향적인 활동을 통해 혼란스러운 상태의 인지과정을 능동적으로 통제하고 고통스러운 경험이 인지적으로 재현되는 것을 감소시키는 것이다. 만약 위기개입자의 경험이 인지적인 사건처리 과정과 분리된다면 이들의 항상성은 빠르게 회복될 수 있다. 반추는 과거 사건을 다시 생각하고 미래에 대한 걱정과 행동을 예측하는 정신적 과정을 포함한다. 정서적 혼란 상태는 신경학적으로 default mode network가 되게 하는데 이러한 상태는 업무를 수행하지 않는 기간 동안에도 활성화되는 신경영역의 집합체로 반추하는 동안 활성화되고, 빈약한 정서조절과 부정적인 정서 상태와 관련된다(Kross, Dacidson, Weber, & Ochsnet, 2009; Abler, Hofer, & Viviani, 2008, Berman et al., 2011). 외상에 대한 이차 노출에서 비롯된 각성으로부터 내적상태를 조절하기 위해 위기개입자는 자극을 줄이려고 한다. 이러한 관여의 부족은 인지를 디폴트모드로 전환하게 한다. 위기개입자가 서비스를 제공하는 과정에서 외상에 대한 이차노출 대부분이 이루어지며, 이때 생성된 각성은 내적 상태를 재조정하기 위해 사회화 및 신체활동을 최소화하여 자극을 줄이려고 할 수 있다. 이로 인해 위기개입자는 그날의 사건을 계속해서 재현할 가능성이 있다.

▪ Skill 1: 인정(Acknowledgement)

반추가 일어날 때 인정하는 것이다. 위기개입자는 문제해결에 대한 반추를 잘못 해석할 수는 있지만 반복적인 과정은 문제해결을 어렵게 한다. 실제 자기초점적인 반추는 문제해결능력을 감소시킨다(Lyubomirsky & Nolen-Hoekesema, 1995). 일반 반추과정이 의식적으로 확인되고 처리되면 주의를 기울이지 않는 것만으로도 정신적 장애 정도가 감소된다. 우울증 치료에 있어서도 즉각적인 경험에 참여하는 것의 효과성이 입증되었다(Cuijpers, Van Straten, & Warmerdam, 2007).

▪ Skill 2: 초점화된 관여(Focused engagement)

일단 반추를 인정하면 반추에 대한 관리 기술은 정서적 각성과 조절곤란의 정도를 의식적으로 통제할 수 있는 능력에 달려 있다. 반추과정에 직접적으로 초점을 맞추면 인지를 현재로 조정해 디폴트모드에서 멀어지게 되고, 그 과정에 집중하면 반추가 감소되는 것으로 나타난다(Broderick, 2005; Deyo, Wilson, Ong, & Lutz et al., 2014). 인지적이거나 신체적인 활동은 비자기적이고 목표지향적인 과제를 가능하게 하여 과제중심적인 일을 하게 하거나 반추를 줄이고 부정적인 생각의 순환을 줄일 수 있게 한다.

▪ Skills 3: 사회적 관여(Social engagement)

위기개입자가 혼자일 때는 인지적 루핑(cognitive looping)이 작동하지 않기 때문에 반추하는 동안의 고립은 비효과적인 전략이다. 생각에서 벗어나 사회적 영역으로 이동하는 것은 반추 싸이클을 중단하는 데 즉각적인 효과가 있다. 대화에 다른 사람을 개입시키는 단순한 과정만으로도 반추과정을 끝낼 수 있다. 대화만으로도 반추의 대상과 관련되거나 주제에서 벗어날 수도 있다. 사회적 관여는 적어도 한 사람을 선택해 의도적으로 대화에 참여시켜 에너지가 대인관계로 향하도록 하는데, 이를 통해 이차 외상생각의 반추에 동요하지 않고 생리적인 각성과 인지적인 반추 사이의 연계를 방해하게 한다.

▪ Skills 4: 행동 지향적, 구체적, 경험적이고 세부적(Action－oriented, concrete, experiential and specific)(ACES)

ACES는 추상적이고 연상적인 인지 반추에서 구체적이고 세부적이며 행동지향적인 생각으로 의식적인 전환을 하는 것이다. 반추의 주제는 느낌과 관련되며 불안한 사건에 대한 수동적인 재경험이 일반적이다. 타인으로 인해 생긴 사건이 얼마나 괴로웠는지 부정적인 측면에 초점을 맞추게 된다. 외상과 관련된 서비스에 전적으로 관여하는 위기개입자의 의지는 위기개입서비스가 종결되었을 때 서비스와 관련된 경험도 끝내는 것을 요구받는다.

(3) 의식적인 내러티브(Conscious Narrative)

의식적인 내러티브는 정신건강버서비스를 제공하는 과정에서 동화되거나 조절되지 않은 상태를 진정하도록 촉진하고, 외상적 경험이나 어려움 또는 기억을 일관되게 기술할 수 있는 기회와 능력을 갖게 한다. 경험을 다시 이야기하는 것만으로도 노출이 일어난다(Foa, 1997; Schauer et al., 2005). 내러티브는 기억에 일관성을 주며(Gwozdziewycz & Mehl－Madrona, 2013), 정서경험을 언어적으로 표현하는 것은 변연계의 각성을 감소시킨다(Adenauer et al., 2011; Hariri, Bookheimer, & Mazziotta, 2000). 많은 연구에서 외상사건에 대해 조직화 또는 동화되지 않은 내러티브가 PTSD로 발전한다는 것이 입증되었다. 강한 수준의 정서는 조절되지 않은 변연계를 진정시키기 위해 전두엽 피질의 진정회로를 활성화하는데 이는 일관적인 내러티브의 언어화를 요구한다. 정신건강서비스 제공에 있어 의식적인 내러티브 지시는 임상경험 이전 및 경험 시점 그리고 경험 후에 이루어진다.

▪ Skill 1: 선행적 내러티브

선행적인 내러티브를 의식적으로 정리하려면 위기개입자는 현재 지역사회에서의 역할, 위기개입경험, 위기에 처한 사람과의 관계, 전문적 역할에 대한 자신감 수준 자각을 먼저 검토해야 한다. 위기를 경험한 사람들을 돕는 개입과정에서 핵심과제에 대한 위기 개입자의 냉소적 수준을 점검하는 것도 중요하다. 이러한 냉소적인 것은 제대로 관리되지 않은 프로그램, 자금부족, 직원 간 갈등, 생산성 요구 등에 의해 생겼을 가능성이 있다. 이러한 경우 중요한 것은 위기를 경험한 사람을 돕는 위기개입자의 원래 역할로 돌아와야 한다는 것이다. 서비스 과정 중에 여러 가지 일들로 주요한 과제 수행이 산만해질 수 있기 때문에 의식적으로 업무수행의 본질로 돌아가야 한다.

▪ Skill 2: 동시적 내러티브

복잡하거나 어려운 일을 만나게 되는 전문가의 경험과 그에 대한 만족도는 자신의 치료기술 수준에 대한 내러티브에 의해 유지된다. 위기개입자의 경험을 뒷받침하는 핵심적인 내러티브요소는 자신들이 만나는 고통스러운 상황을 관리할 수 있는 능력에 대한 믿음이다. 위기개입자는 노력의 결과에 영향을 줄 수 있는 잠재력 및 개입자로서의 숙련과 성장을 믿어야 한다. 더욱 중요한 것은 자신의 정서적 경험을 다루기 위한 숙련도가 증가하고 있음을 믿는 것이다. 증거기반 개입을 하는 위기개입자는 낮은 수준의 공감피로를 보고하고(Sprang et al., 2007) 더 오랫동안 직업을 유지한다고 보고한다(Aarons et al., 2011; Aarons, Sommerfeld, Hecht, Silovsky, & Chaffin, 2009). 임상현장의 도전에 직면할 때 그것을 처리할 수 있는 기술이 충분하다는 것에 대한 내러티브는 합리적인 믿음이 전제되어야 한다. 객관적으로 기술이 부족하면 그런 상황이 위기개입자에게는 도전이며 경험, 학습 및 슈퍼비전을 통해 기술을 습득할 수 있는 내러티브를 발전시켜야 한다. 직업적 숙련도와 직업의 즐거움은 매우 높은 상관관계가 있다(Janssen & Van Yperen, 2004). 위기개입 전문가가 된다는 것의 보상성은 일단 배워서 학습한 것과 유능감은 사라지지 않는다는 것이다. 위기개입자가 겪게 되는 직업적 어려움은 경험에 의해 완화될 수 있다는 것을 알아야 한다. 수련 중인 위기개입자의 경우에는 필요한 기술에 대해 구체적으로 정의할 수 있도록 도와주어야 하고, 일이 너무 어렵다고 결론 내리지 않도록 도와야 한다. 위기개입자의 숙달된 경험은 중요하지만 때때로 극복할 수 없는 경우도 있다. 합리적인 내러티브에는 최선의 노력을 했음에도 불구하고 성공적이지 않을 수 있다는 것이 포함되어야 한다. 건강한 내러티브는 위기개입자의 개입기술이 갖는 효과에 대한 믿음과 이러한 기술들이 유한할 수 있다는 것이 균형을 이루어야 한다.

▪ Skill 3: 통합적 내러티브(Consolidation narrative)

위기개입자가 위기에 처한 사람으로부터 받는 경험은 그 심각성이 압도적이거나 관리하기 어려운 수준일 수도 있다. 멍한 상태, 분리, 회피, 과각성 등의 증상을 나타낼 수도 있다. 사건에 대한 명확한 의미, 활성화된 적응과 전체적인 통합은 임상적 경험에 대한 반영(reflection)을 통해 가능해진다. 많은 전문가는 외상에 노출된 위기개입자의 공감피로를 줄이기 위해 반영적 슈퍼비전을 권한다(Gibbs, 2001; Sprang, Craig, & Clark, 2011; Tomlin & Hadadian, 2007). 비록 슈퍼비전을 받지 못한다고 해도 외상 개입 후 반영적 내러티브를 구축해야 한다. 자신이 받은 신체적 동요와 정서적 영향은 어떤 것이었는지 주목한다. 중요한 것은 위기를 경험한 사람의 외상 이야기를 생생하게 재경험하는 것이 아니라, 일어난 일과 그것이 의미하는 바를 위기개입자가 일관되게 표현하는 것이다. 내러티브에는 외상경험의 작업이 자신과 자신의 세계관에 어떻게 영향을 주었는지, 자신들의 역할에 대해 어떤 결론을 내렸는지, 이러한 사명으로부터 어떤 의미를 만들었는지 등이 포함되어야 한다.

(4) 정서적 노력 감소(Reducing emotional labor)

정서적 노력의 감소는 외상사건을 경험한 사람들에게 위기개입서비스 제공 시 관련되는 부담을 줄이기 위해 필요한 기술 향상, 표현된 감정적 차이 인식 및 조정기술을 발전시키는 것이다. 외상작업에 필요한 정서적 노력이나 고통을 줄이기 위해서 위기개입자는 정서적 억압과 잘못된 정서표현에 대한 마음챙김을 개발해야 한다. 위기개입자를 힘들게 하고 고갈시키는 정서적 어려움은 위기를 경험한 사람들의 치료 방해 행동, 자신의 과거력 환기, 좌절감이나 분노 억제 등으로 인해 생길 수 있다. 자신의 진짜 느낌을 알아차리고 인정할 때 위기개입자로서 능숙하게 행동할 수 있다. 이를 위해서는 진정한 공감을 강화하고 위기에 처한 사람에 대한 어려운 정서를 공개적으로 확인하고 다루는 기술을 개발해야 한다. CE−CERT 모델에서는 공감을 정서적 경험이나 미덕이 아닌 기술로 본다. 공감을 얻기 위한 첫 번째 기술은 의도와 관련된다. 근본적 공감(radical empathy)을 얻기 위해 노력한다. 근본적 공감의 목표는 진정한 공감을 경험하는 것이고, 때때로 표현적 행동이 요구될 수 있지만 적은 노력으로도 공감에 이르는 기술을 개발하는 것이다. 분명한 것은 경우에 따라 근본적인 공감이 표면적인 행동을 요구할 수 있지만 목표는 적은 노력으로도 진정한 공감을 얻는 것이다.

공감이 어려울 때 위기개입자는 호기심을 가져야 한다. 위기에 처한 사람의 행동을 통해 나타나는 고통에 관심을 가질 때 그들에 대한 공감이 개선될 수 있다. 위기개입자는 자율신경 조절을 촉진하고 개발을 향상시키는 행동전략을 사용할 수 있다. 위기개입자가 근본적 공감에 대한 의도를 갖게 되면, 공감적 반응에 대한 의도적 학습태도를 채택하는 것이 중요하다. 진정한 공감이 자연스럽게 나타나지 않을 때, 위기개입자는 정서적 노력을 통해 공감하는 듯 하고 다른 정서들을 억압하는 행동을 보이게 되는데, 이를 알아차려야 한다. 정서적 고통을 완화시키기 위해서는 이전에 억압된 분노 또는 분노의 감정을 치료과정으로 가져오는 특정의 기술을 습득해야 한다. 위기개입자가 자신을 억제하기보다 스스로를 위기개입의 도구로 능숙하게 사용할 때 정서적 고통이 감소하게 된다.

(5) 부교감회복(Parasympathetic recovery)

부교감회복은 내부 상태를 모니터링하고 신체적, 심리적, 정서적 조절전략을 실시간 활성화하는 것을 의미한다. 목표는 위기개입자가 교감신경 흥분의 시기에 내부 상태에 완전히 적응하고 각성주기 초기 및 하루 종일 지속적으로 부교감 회복을 촉진하기 위한 사전행동 목록을 만드는 것이다. 공감피로에 가장 좋은 것은 전문적 자기관리인데 명상, 마음챙김, 운동 및 요가 등이 효과적인 자기조절 전략으로 제시된다.

하지만 CE-CERT 모델은 자기돌봄과 근무활동을 분리하지 않고 일상에서 일상적인 정신건강서비스를 하는 과정에 자신의 웰빙을 통합하도록 한다. 자기조절이나 관리는 여가시간은 물론 업무시간에 통합된다. 그에 따른 행동은 회피전략이 아니며 위기개입자의 하루 중, 편안하고 완벽하게 참여할 수 있도록 해 외상노출을 회복하고 통합하는 역할을 하게 된다.

일상적인 자기 주도적 관리는 내부 상태 조절에 필요한 재설정 구조와 과정을 제공한다. 또한 외상치료로 인해 경험하는 것과 서비스과정에서 경험하는 고통으로부터 독립을 선언하는 것이다. 구체적인 전략과 방법으로는 연습을 충실히 하기(Practice within your practice), 균형 잡힌 수퍼비젼(Balanced supervision), 전문적인 팀의 구성과 사회적인 연결(Professional teaming and social connection), 서있고 자주 움직이기(Standing and frequent movement), 전략적인 휴가(Strategic vacations), 하루 20분 정도의 집중된 참여(Minimum of 20 min day of focused engagement), 책임감 있는 파트너(Accountability partner) 등이 있다.

5. 사례와 개입

이 장에서는 구체적인 사례와 그에 대한 개입의 예를 제시함으로써 현장에서 소진 현상이 나타났을 때 어떻게 그것을 다룰 것인지에 대해 생각해보고자 한다.

상담자, 사회복지사, 임상심리사 수련생, 정신건강전문가, 구급대원의 사례가 제시되어 있다.

1) 사례

사례 1. 상담자 A의 사례

상담자A는 시간제 상담자로, 알콜중독 내담자들을 2년간 만나왔다. 오늘 상담자 A씨는 자신의 내담자 케이스를 가지고 수퍼비전을 받으러 왔지만, 안색이 좋지 않다.

상담자A: 하… (한숨을 쉬면서 수퍼비전 자료를 내놓는다.) 안녕하세요, 선생님.

수퍼바이저: (안색을 살피며) 잘 지내셨어요? 그러고 보니 안색이 좋지 않네요. 어디가 불편하신가요?

상담자A: 아뇨, 그냥 좀 피곤해서요. 요즘 잠을 잘 못 잤거든요. 몸은 피곤한데 막상 잠을 자려고 하면 중간에 깨고 아침에 일어나도 멍하지 뭐예요? 이러다가 나아지겠죠. 처음 이 센터에서 일했을 때는 집에 들어가서 쓰러지듯 잠들었는데 이제 익숙해졌나봐요.

수퍼바이저: 그런가요? 잠을 잘 못 주무신 지 얼마나 되었어요?

상담자A: 어? 생각해보니까 벌써 1개월 정도는 되었네요.

수퍼바이저: 1개월 정도는 잠을 못 주무시고 있는 거군요. 혹시 다른 불편한 곳은 없나요? 소화가 잘 안된다거나 일이 너무 많은 것 같아서 부담스럽다거나?

상담자A: 음… 요즘 일이 좀 많아지기는 했어요. 같이 일하던 상담자가 갑자기 그만두셔서 신규 사례들을 제가 다 받았거든요. 그래도 계속 해오던 일이니까 괜찮아요.

수퍼바이저: 사례가 어느 정도나 늘었나요?

상담자A: 원래 10 케이스 정도 하고 있었는데 지금은 16 케이스를 맡았어요.

자주 빠지시는 분들이 있기는 하지만 이분들은 원래 그러시잖아요.

수퍼바이저: 흠… 그러니까 1개월 전부터 잠을 잘 못 주무시고 직장에서 60% 정도 일이 늘었고 내담자 중에서는 자주 빠지는 분이 있다는 거네요.

상담자A: 그러고 보니 그러네요.

상담자A: 네, 게다가 어제 만났던 내담자의 경우는 정말 열심히 만나왔던 내담자인데, 다시 술을 드시는 걸 숨기고 계셨지 뭐예요. 지금은 좀 나아졌지만 어제는 정말 온 몸에 기운이 쭉 빠지는 것 같았어요.

수퍼바이저: A 선생님. 상담을 잘 하시는 것도 중요하지만, 얼마나 지치셨는지 생각해보실 필요도 있는 것 같아요. 그러다가 소진이 되실 수도 있으신데, 제가 상담자 소진 검사지를 드릴테니 오늘 수퍼비전이 끝난 후에 체크하고 가시겠어요? 결과는 제가 전화로 알려드릴게요.

상담자A: 네.

사례 2. 사회복지사 S의 사례

친구: S야, 오래간만이야! 잘 지냈니?

S: 그저 그렇지 뭐. 시키는 대로 하는 거 뭐가 다르겠어.

친구: 네가 그렇게 얘기하는 걸 보니 걱정되는데? 너 그 성폭력상담소로 이직했을 때에는 좋은 곳이라고 기뻐했잖아. 그동안 무슨 일이라도 있었어?

S: 글쎄. 특별한 일이 있었던 건 아냐. 성폭력 피해자를 돕거나 성폭력 예방 교육을 하는 일은 보람도 있고 또 조금이라도 사람들의 인식이 바뀌는 걸 보면 나도 많이 기뻐.

친구: 그런데?

S: 이전 직장에서는 내가 열심히 하면 그래도 그만큼 성과를 얻었다고 해야 하나? 그런 느낌이었는데, 여기는 말이지. 휴~ 가끔씩 피해자들의 이야기를 듣고, 특히 거기서 가해자들이 2차 가해 하는 걸 보면 말야. 정말 세상에 그런 사람들이 다 있나 하는 생각이 든다니까? 그리고 그런 생각이 한 번 들면 세상이 살기 힘들고 이런 세상 살아서 뭐 하나 이런 생각이 든다니까?

친구: 그렇게까지 생각이 드는구나.

S: 그러게 말야. 나도 가해자들 같은 사람이 있고 모든 사람이 그렇지 않다는 건 알거든. 근데 점점 가해자 같은 사람들을 보면 너무 화가 나고, 이러다가 내가 세상을 너무 나쁘게만 보게 되는게 아닐까? 그런 걱정이 들어.

친구: 아이고, 저런. 그런데 그런 기관에서 클라이언트를 계속 만나다 보면 너같은 생각이 들 것도 같아. 너 말고 다른 사람들은 어때? 이런 고민들을 얘

기해봤어?

S: 얘기는 꺼내보기는 했는데. 뭐랄까. 아직 얼마 안되어서 그런 것 같다는 식으로 많이들 말씀하셔. 근데 말야. 내 앞에 일하던 분도 1년이 안 되어서 그만둔 거 보면, 오래 일할 수나 있을까 싶다.

친구: 그러게 말야. 신중하게 결정하겠지만, 너처럼 유능한 사회복지사가 이직을 한다면 기관의 손해겠지.

사례 3. 임상심리사 수련생 C의 사례

C는 한 달에 한 번 다른 수련생들과의 만남을 가진다. 다음은 그곳에서의 대화이다.

C: 오늘 오시느라고 수고하셨어요. 주말이라 쉬시고 싶으실텐데….

수련생1: 진짜 쉬고 싶죠. 사실 지금도 써 내야 할 보고서가 머리 속에 맴돌아요.

수련생2: 전 주말에는 거의 잠을 자요. 그것 이외에는 뭐 하는 게 없어요.

C: 그러네요. 피곤하기만 하면 그나마 좋겠어요. 그것보다 더 힘든 건 병원 안에서 사람들과의 관계예요. 존중받는다는 느낌이 전혀 없다고나 할까요. 요즘에는 이걸 왜 하고 있나 하는 생각이 많이 듭니다.

수련생2: 동감입니다. 보고서 쓰는 거야 하면 할 것 같은데요. 다른 것보다도 선배들이요. 특히 제 직속 선배는 말을 해도 왜 그렇게 하는지. 이쪽 분야에서 일하면 다들 그렇게 되는 건가요?

수련생1: 정말 멋진 임상심리전문가가 되어서 환자를 잘 이해하고 치료도 잘 하고 싶어서 이 길을 선택했는데, 요즘에는 환자보다는 보고서나 수퍼바이저 앞에서 혼날 것만 생각하고 있어요.

C: 지난 주에는 아침에 일어나도 머리가 아프고 출근하는데 다리가 무거워서 움직이기가 힘들더군요. 금요일에는 간신히 일어나서 출근할 수 있었어요.

수련생2: 그건 좀 심각해 보이는데요? 내담자가 그런 증상들을 호소하면 주의를 기울이게 될 것 같아요.

수련생1: 저도 그럴 것 같네요. 다른 건 좀 어떠세요? 식욕이 줄었거나 수면에 문제가 있다거나요?

C: 그러고 보니, 밥맛도 별로 없었네요. 잠은 계속 자는데 자도 계속 졸립고요. 계속 몽롱하다고 해야 할까요?

수련생2: 우울인가?

C: 그건 아닌 것 같아요. 이 수련 과정만 지나가면 안 그럴 것 같은 생각이 드

는 걸요.

수련생1: 그렇다면 이 증상들은 수련 과정과 관련이 있는 것이겠네요.

수련생2: 맥락이 있는 우울 느낌이군요.

C: 선생님들과 이야기를 하니까 좀 더 정리가 되는 것 같긴 하네요.

사례 4. 정신건강전문가 K 씨의 사례

K는 현재 일하고 있는 대학부설 상담기관으로부터 낮은 성취 및 내담자로부터의 빈번한 불만을 이유로 기관장과 면담을 하고 있다.

기관장: K 선생님. 선생님이 우리 기관에서 일하신지 벌써 10년이 넘었습니다. 얼마 전까지만 하더라도 정말 잘 해주셨고 저도 선생님을 자랑스럽게 소개하곤 했는데요. 요즘에는 제 마음이 참 복잡합니다.

K: 소장님. 이렇게 되었으니 말인데, 허심탄회하게 이야기하고 싶습니다. 저는 이제 이 일을 그만두고 싶습니다. 여기 주로 청년들이 많이 오는데, 이제는 그 청년들이 모두 유치하고 모두 똑같은 이야기를 하는 것 같아서 지겹기만 합니다.

기관장: 유치하고 모두 똑같은 이야기를 한다구요?

K: 네, 우습게 들리지만 제게는 그렇게 느껴지는군요.

기관장: 제가 선생님과 일한지 벌써 10년인데, 지금 말씀은 저를 놀라게 하네요. 혹시 무슨 개인적인 이유가 있을까요?

K: 아니요. 그냥 지쳤을 뿐입니다. 매일 똑같은 말을 듣고, 저도 매일 같은 말을 하고요. 이제는 학회를 가도 재미가 없더군요.

기관장: 그러시군요. 혹시 어디 편찮으신 건 아니구요?

K: 건강진단 결과에는 별 문제 없었습니다. 다만 스트레스에 주의하라고는 하더군요. 현대인이 모두 가진 바로 그 스트레스 말입니다. 하하.

기관장: 이 일에 지치신 것 같네요. 선생님. 선생님께서는 그만두고 싶다고 하시는데, 그러면 무슨 계획이 있으신가요?

K: 이곳을 떠나서 어디 산에라도 들어가고 싶은 심정입니다.

기관장: 그럼 아직 구체적인 계획이 있으시거나 이직할 계획은 아니시군요.

K: 아직 그것까지 생각해보지는 않았습니다.

기관장: 선생님께서 말씀하시는 것은 마치 이제 더 이상 내줄 자원이 없다는 것처럼 느껴지네요. 저는 선생님이 이 기관에서 일한 10년이 이렇게 쉽게 끝날 거라고 생각하지 않습니다. 제가 뭔가 선생님께 제안을 한다면 생각해 보시겠습니까?

K: 잘 모르겠습니다. 일단 생각은 해보도록 하죠.
기관장: 좋습니다. 그러면 내일 다시 의논합시다.

사례 5. 구급대원 Q의 사례

Q는 오늘도 비응급상황에 출동하게 되었고, 허탈하게 돌아올 때마다 피곤하고 자신이 하는 일에 대해서 회의를 느끼고 있다. 다음은 퇴근 후 술자리에서 나눈 동료 R과의 대화이다.

Q: 오늘도 출동 나갔더니 글쎄 감기환자라지 뭐야. 이런 시간에 정말 급한 사람들이 피해본다는 생각은 안하나?

R: 그거 참 허탈하지. 그렇지만 출동 나가기 전에는 어떤 상황인지 모르니까 어쩔 수 없잖아? 이제는 그런가보다. 하고 있어

Q: 이봐, 자꾸 이런 일이 생기니까 내가 뭘 하고 있는지 잘 모르겠어. 이제는 출동 벨소리만 들어도 짜증이 난다니까? 내가 이렇게 달려가 봤자 기껏 감기나 찰과상 환자일거라는 생각이 든다구.

R: 그거 소진이라는 거잖아. 전에 교육 받았던 거. 그거 좀 시간이 지나면 나아져. 좀 쉬어봐.

Q: 주말에 내내 쉬었는데 한 주가 시작되면 똑같아. 환자 이송할 때 차들은 안 비켜 주지, 기껏 병원에 가면 그걸로 끝이지, 감기 환자는 불러대지, 내가 왜 이렇게 사나 싶다구.

R: 자네는 나보다 좀 더 심한 거 같은데? 난 좀 쉬니까 꽤 나아졌거든. 아참, 지난 번에 교육했던 그 강사가 뭐라고 했냐면…. 일단 이야기를 좀 많이 해야 한대.

Q: 에이, 다 비슷한 이야기구만 뭘 또 얘기를 해. 난 그런 거 못해.

R: 이거 봐, 이야기를 해서 좀 나아지고 그래서 마음 편히 일할 수 있으면 좋지 뭘 그래. 내가 지난 번에 받았던 교육 자료를 가져다 줄게. 집에 어디 있을 거야.

Q: 그럼 고맙지!

2) 개입

사례 1 상담자 A의 사례

수퍼바이저: A 선생님. 오늘은 사례가 아니라 선생님의 소진에 대해서 의논하기로 했죠.

상담자A: 네. 어떻게 나왔나요?

수퍼바이저: 이 척도는 상담자의 신체적 피로감, 무능감, 비협조적 업무환경, 내담자 가치 저하, 사생활 악화를 측정해요. A 선생님은 현재 신체적 피로감이 높아지셨고 업무환경 때문에 스트레스를 많이 받으시는 상태로 보여요. 그렇지만 다른 영역에는 별로 어려움이 없다고 체크하셨네요.

상담자A: 그렇군요. 저는 상담자라면 누구나 다 그런 거라고 생각했는데, 그런 게 아닌가요?

수퍼바이저: 다들 어렵지만 관리를 해서 상담자가 자기를 잘 유지해야겠죠. 일단 신체적 피로감에 대해서는 혹시 어디가 편찮으신 데는 없는지 병원에 가 보실 수도 있고요. 먼저 휴식을 취해보시는 것도 생각해 보세요.

상담자 A: 그날 체크를 하면서 보니까 생각보다 제가 많이 지쳐있는 것을 느끼겠더군요. 사례가 많아졌다고 생각했지만 지금으로서는 어쩔 수 없다고 생각했고요. 그런데 다시 생각해보니 기관에 가서 의논을 해봐야겠어요. 내담자만큼이나 저도 중요하니까요.

수퍼바이저: 의논하시는 김에 기관 환경에 대해서도 의논해보시면 좋겠네요. 기관의 근무조건이나 환경이 변화가능한가요?

상담자A: 글쎄요. 일단 같이 일하는 다른 상담자들과 의논을 해봐야 할 것 같아요. 모르긴 해도, 그 분들도 체크를 해보시면 많이 소진되어 있으실 것 같아요.

수퍼바이저: 네. 한 번 해보시고, 같이 의논해보세요. 동료들끼리의 지지가 매우 중요하니까요. 이야기를 해보시고, 혹시 자문이 필요하시거나 하면 다시 연락주세요.

상담자A: 네 알겠습니다. 감사합니다.

상담자 A는 시간제 상담자로 알코올 중독 내담자들을 만나고 있다. 신체의 피로감을 경험하고 있으나 그것을 소진과 연결시키지 못하였다가, 상담 수퍼바이저에 의해 상담자용 소진 척도로 자신을 점검할 것을 제안 받았다. 현재 신체적 피로감이 높아졌고 업무환경에 의한 스트레스가 있는 상태이기 때문에 그에 맞는 대처방법을 수퍼바이저가 생각해보도록 안내하고 있다. 또한 전일제 직원이 아닌 경우라 하더라도 같은 기관에 근무하는 상담자나 혹은 지지그룹 등을 통하여 서로 지지하고 도움을 주고 받을 필요가 있다.

사례 2. 사회복지사 S가 일하는 기관장의 사례

관장은 직원들의 잦은 퇴직으로 고민하다가 유사한 기관의 기관장인 선배에게 연락해서 자문을 구하기로 했다.

관장: 채용한 지 1년 정도 되면 약속이라도 한 듯이 그만두더라고요. 이번에도 한 명이 그만둔다고 했어요.

선배: 이유를 혹시 이야기했나?

관장: 팀장을 통해서 들으니 본인이 성폭력 피해자와 잘 맞지 않는다고 했다는군요. 들어오기 전에 물론 교육을 받았고 들어와서는 적응할 줄 알았는데 잘 안되더라고요. 답답해 죽겠습니다. 1년이나 일했으면 이제 본격적으로 일할 수 있도록 교육한 건데 지금 그만두면 새로 뽑아서 다시 교육을 시켜야 하지 않습니까?

선배: 채용 전에 업무에 대해 잘 몰랐을 수도 있겠군.

관장: 기본적인 업무야 물론 알려주지요. 교육도 시키고요. 일을 하다가 나가는 것은 적응 문제인 줄 알았는데 이런 일이 반복되니까 기관이 문제일수도 있겠다 싶어서요. 도대체 뭐가 문제일까요?

선배: 우리도 그런 일이 좀 있었는데, 결국은 직원들이 지쳐서 나가게 된 거였어. 자네도 알다시피 우리는 주로 범죄피해자들을 만나는데, 아무래도 끔찍한 상황들을 많이 만나잖아? 안식월 제도를 운영하고 지지그룹을 운영하면서 직원들이 훨씬 나아졌다고 하더군. 물론 우리는 1년에 두 번씩 치유캠프도 운영하고 외상전문가 자문도 받아.

관장: 굉장히 많은 지원을 하시네요. 그만한 이유가 있습니까?

선배: 자네 기관도 마찬가지지만, 우리는 숙련된 직원 한 명 잃는 게 정말 아깝네. 그리고 결국 사람들이 하는 일이지 않나? 그러니까 되도록 직원들이 전문성을 높이고 오래 우리 기관에서 일해주길 바란다네.

관장: 그렇군요.

선배: 물론 우리 기관처럼 할 필요까지는 없을지도 모르지. 그렇지만 결국 일 때문에 지치게 되는 거니까. 처우가 좋으면 좋지만, 같은 처우라면 그 다음으로 중요한 것은 얼마나 기관에서 직원들을 지원해주느냐이지.

관장: 저희 기관이 그런 게 좀 부족하긴 하네요. 그런 것 때문에 직원들이 좀 지나면 나가는 걸까요?

선배: 아참, 그리고 채용 전에 대상자에 대해서 알고 있는지 확인을 해 보게나. 교육도 잘 해주고. 아무래도 그 분야에 대해서 알면 알수록 잘 대처하더

라고.

관장: 네, 참고해서 직원들이 오래 있을 수 있는 곳을 만들어 봐야겠습니다.

사회복지사 S가 일하는 기관의 장은 S가 사직 의사를 표하자 직원들의 잦은 사직이 직원의 탓이 아니라 기관의 탓일 수 있다는 생각을 하고 선배에게 조언을 들으러 갔다. 같은 분야의 선배는 기관장에게 자신의 기관에서 실행하고 있는 직원들에 대한 지원에 대해 설명하고 무엇이 직원들에게 도움이 되는지를 안내해 주고 있다.

사례 3. 임상심리사 수련생 C의 사례

수련생1: 선생님들. 우리 이러지 말고 한 달에 한 번씩이라도 만나서 서로 지지도 해주고 정보도 교환하는 그런 모임을 하는 게 어때요?

수련생2: 좋아요. 자는 것만으로는 해결이 안 되는 것 같아요. 몸이 아니라 뭔가 정신이 피곤하달까요?

C: 완전 찬성입니다. 아마 여기서처럼 제 마음을 알아주는 분들이 직장에 있었다면 아마 제가 이렇게까지는 되지 않았을 것 같군요.

임상심리사 수련생들은 바쁜 와중에 그들끼리의 지지그룹을 만들기로 하였다.

사례 4. 정신건강전문가 K 씨의 사례

기관장: K 선생님. 제가 선생님께 제안하고 싶은 것은 이겁니다. 먼저 병원에 가서 일단 휴가를 좀 쓰시면서 쉬셨다가요. 기존의 상담업무 대신 선생님의 지금까지의 노하우를 이용해서 인턴들에게 멘토 역할을 해주시면 어떨까 싶습니다.

K: 아…. 글쎄요. 제가 지금 상태로 잘 할 수 있을지 의문입니다. 사실 저는 지금 당장이라도 이 건물에서 나가고 싶은 심정이거든요.

기관장: 지금 당장 답해주시는 것보다는요. 일단 휴가를 다녀오신 다음에 말씀해 주십시오. 선생님이 회복되신다면 이전보다 훨씬 더 풍부한 경험을 가지시게 될 것으로 믿습니다.

K: 그렇게 말씀해주시니 정말 고맙습니다. 저는 그냥 그만둬야겠다는 생각만

햇거든요.

기관장: 아마도 선생님께서 이렇게까지 지치신 데는 기관에서 제대로 지원해드리지 못한 탓도 있겠습니다. 조금 더 일찍 알았더라면 훨씬 좋았겠지만, 지금이라도 알았으니 같이 해결을 해보면 어떨까요?

K: 네. 제가 좀 쉬면서 생각을 해보겠습니다. 말씀을 들은 것만으로도 좀 힘이 나는 것 같네요.

정신건강전문가 K 씨가 일하는 기관의 기관장은 K 씨에게 업무의 경감과 재배치를 제안하였다. 이러한 종류의 개입은 직원이 직접 제안하기 힘들며, 누구나 소진될 수 있음을 인정하기 때문에 가능할 수 있는 개입이다.

사례 5. 구급대원 Q의 사례

R: 어제 얘기했던 자료, 여기 있네. 자료를 다시 보니까 더 확실히 기억이 나더군. 평소에 스트레스를 풀어주고 명상이나 운동하고. 힘든 호출인 경우에는 동료와 호출에 대해서 이야기 나누고. 잠을 잘 못자거나 다른 증상들이 나타난다면 곧바로 전문가에게 가라고.

Q: 그럼 나는 어떤 상태지?

R: 그거야 내가 모르지. 아, 무슨 측정하는 도구가 있던데. 거기 자료에 교육담당자 연락처도 있고 기관 담당자 연락처도 있으니까 전화해서 한번 물어봐.

Q: 글쎄.

R: 미루지 말고. 오늘 퇴근 전에 전화해. 그거 늦출수록 더 회복이 어렵대. 자네도 오랫동안 일해야 하잖아?

Q: 그건 그래. 가족들 생각하면 힘들어도 일해야지.

R: 그러니까. 좀 덜 힘들게 일하면 더 좋지 뭘 그래. 오늘 꼭 연락하라구.

Q: 오늘 꼭 연락해볼게. 고맙네.

구급대원 Q는 교육을 받고 온 친구 R의 안내에 의해 교육담당자와 (소진 관련) 기관 담당자의 연락처를 받을 수 있었다. 개인의 측면에서는 자신이 힘들다고 느껴도 적극적으로 대처하기 어려울 수 있으나 동료/지지집단이 대처할 것을 촉구하면 보다 신속한 대처를 할 수도 있다.

6. 소진의 예방과 개입을 위한 업무 흐름

소진은 일단 발생하면 회복하기가 쉽지 않기 때문에 무엇보다 예방하고, 낮은 수준에서 빠르게 개입하는 것이 중요하다.

조직이라면 구성원들의 소진과 업무 만족도 정도를 적절한 척도를 사용하여 정기적으로 검토하고, 개인은 스스로 자신의 상태를 알아차리고 동료나 수퍼바이저, 수퍼바이지 관계에서도 점검을 도와줄 필요가 있다.

어떤 경로이든 소진의 수준에 대해 평가를 하고, 그에 대한 대처가 필요한데, 가벼운 정도의 소진이라면 긴장완화나 인지재구성을 목표로 한 CBT, 스트레스 관리 교육, 휴식, 지지자원 제공으로 회복할 수 있다. 그렇지만 중등 정도의 소진이라면 가벼운 수준의 소진 대처 방법에 더하여 현재 하고 있는 일을 줄이고 어느 정도 기간동안 업무로부터 분리되거나 업무 재배치 등

소진 예방 개입을 위한 업무 흐름도

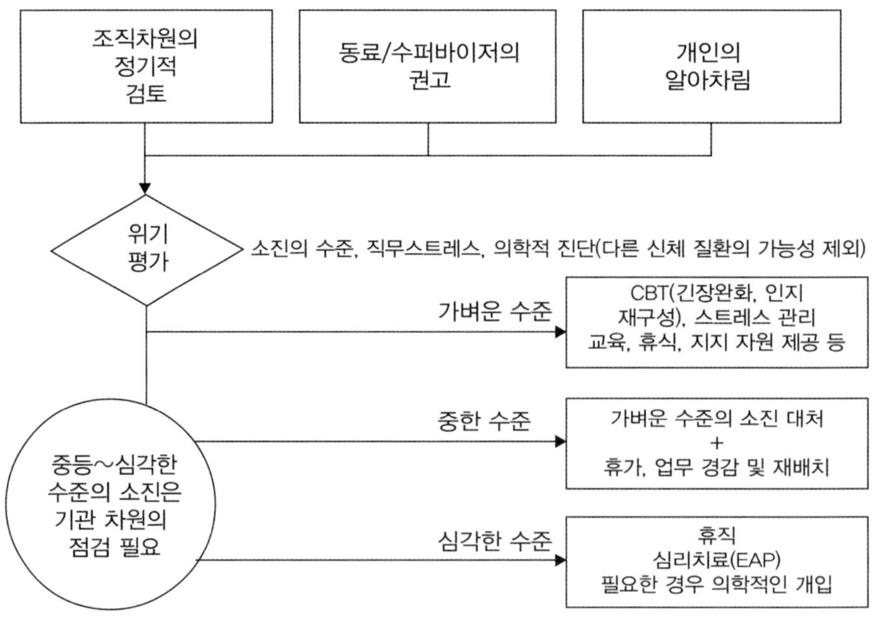

을 통하여 업무량을 조절할 필요가 있다. 중등, 심각한 수준의 소진이 측정되는 경우라면 개인이 문제를 해결하기 대단히 어려운 상황이며, 휴직이나 본격적인 심리치료, 필요한 경우 의학적인 개입이 필요할 수도 있다.

소진은 누구에게나 발생할 수 있는 현상이다. 일을 하다보면 지치거나 태도가 바뀔 수도 있다며 대수롭지 않게 생각하며 넘어갈 수 있지만, 그렇게 시간이 흐를수록 회복은 어려워지고 심각한 건강 문제까지 이를 수 있다. 혼자 있지 말고 동료와 함께 서로가 소진되어가고 있지 않은지 살펴볼 필요가 있다. 조직은 소진을 개인의 몫으로 돌리기보다는 기관 차원에서 장기적이고 체계적인 체계를 만들어 놓는 것이 필수적이다.

참고문헌

김기태 (2006). 위기개입론. 대왕사. 646－648에서 재인용.

남희은, 진혜민, 백정원 (2015). 사회복지사 소진 요인에 관한 메타분석. 한국산학기술학회 논문지, 16(2), 1045－1053.

오진환, 이인수 (2007). 구급대원의 소진 경험에 관한 연구 : Q 방법론적 접근. 정신간호학회지, 16(1), 23－31.

이은희, 김경호 (2008). 사회복지사의 소진에 영향을 미치는 요인에 관한 연구. 사회연구 Vol.16, 167－193.

장세진 외 (2005). 한국인 직무 스트레스 측정도구의 개발 및 표준화. 대한직업환경의학회지, 17(4), 297－317.

주혜선, 조윤화, 안현의 (2016). 정신건강전문가용 간접 트라우마 관리 도구(STCI)의 개발. 한국심리학회지: 상담 및 심리치료, 28(3), 579－613.

주혜선, 조윤화, 안현의 (2016). 정신건강전문가용 한국판 전문가 삶의 질 척도(K－ProQOL 5)의 타당화. 인지행동치료, 16(3), 269－298. 'http://www.proqol.org/'.

Aarons, G. A., Hurlbert, M., & Horwits, S. M. (2011). Advancing a conceptual model of evidence－based practice implementation in public service sectors. *Administration and Policy in Mental Health and Mental Health Service Research, 38*, 4－23.

Aarons, G. A., Sommerferld, D. H., Heacht, D. B., Silovsky, J. F., & Chaffin, M. J. (2009). The impact of evidence－based practice implementation and fidelity monitoring on staff turnover: evidence for a protective effect. *Journal of Consulting and Clinical Psychology, 77*, 270－280.

Ackerley, G. D., Burnell, J., Holder, C., & Kurdek, L. A. (1988). Burnout among licensed psychologists. *Professional Psychology, Research and Practice, 19*, 624－631.

Adams, S. A., Riggs, S. A (2008). An exploratory study of vicarious trauma among therapist trainees. *Training and Education in Professional*

Psychology, 2, 26−34.

Adenauer, H., Catani, C., Gola, H., Keil. J., Ruf, M., Schauer, M., & Neuner, F. (2011). Narrative exposure therapy for PTSD increases top−down processing of aversive stimuli−Evidence from a randomizes controlled treatment trial. *BMC Neuroscience, 12*, 127.

Alber, B., Hofer, C., & Viviany, R. (2008). Habitual emotion regulation strategies and baseline brain perfusion. *Neuroreport, 19*, 21−24.

Alvarez−Conrad, J., Zoellner, L. A., & Foa, E. B. (2001). Linguistic predictors of trauma pathology and physical health. *Applied Cognitive Psychology, 15*, S159−S170.

Baird, K., & Kracen, A. C. (2006). Vicarious traumatization and secondary traumatic stress: research synthesis. *Counselling Psychology Quarterly, 19*, 181−188.

Boscarino, J. A., Figket, C. R., & Adams, R. E. (2004). Compassion fatigue following the September 11 terrorist attacks: A study of secondary trauma among New York City social workers. *International Journal of Emergency Mental Health, 6*, 57−66.

Brick, A. (2001). Secondary traumatization and burnout in professionals working wuwith torture survivors. *Traumatology, 7*, 85−90.

Cambell−Sills, L., Cohan, SL., 7 Stin, M. B. (2006). Relationship of resilience to personality, coping, and psychiatric symptoms in young adults. *Behavior Research and Therapy, 44*, 585−599.

Cohen, J. A., Mannarino, A. P., & Deblingr, E. (2006). *Treating trauma and traumatic grief in children abd adolescents*. New York, NY: Guilford Press.

Collins, S., & Long, A. (2003). Too tired to care? The psychological effects of working with trauma. *Journal of psychiatric and Mental Health Nursing, 10*, 17−27.

Conrad, D., & Kellar−Guenther, Y. (2006). Compassion fatigue, burnout, abd compassion satisfaction among Colorado child protection workers. *Child Abuse & Neglect, 30*, 1071−1080.

Cuijpers, P., van Straten, A., & Warmerdam. L. (2007). Behavior activition treatments of depression: A meta−analysis. *Clinical Psychology Review,*

27, 318−326.

de Bloom, J., Geurts, S. A., & Kompier, M. A. (2012). Effects of short vacations, vacation activities and experiences on employee health an well−being. *Stress and Heath, 28,* 305−318.

Deyo, M., Wilson, K. A., Ong, J., & Koopman, C. (2009). Mindfulness and rumination: Does mindfulness training lead to reductions ub the ruminative thinking associated with depression? Explore: *The Journal of Science and Healing, 5,* 265−271.

Elwood, L. S., Mott, J., Lohr, J. M., & Galovski, T. E. (2011). Secondary trauma symptoms in clinicians: A critical review of the construct, specificity, and implications for trauma−focused treatment. *Clinical Psychology Review, 31,* 25−36.

Figley, C. E., & Nelson, T. S. (1989). Basic family therapy skills I: conceptualization and initial findings. *Journal of Marital and Family Therapy, 15,* 349−365.

Freudenberger, H. J. (1974). Staff burn-out. Journal of social issues, 30(1), 159−165.

Freudenberger, H. J. (1974). Staff burnout. *The Society for the Psychological Study of Social Issues, 30,* 159−165.

Gibbs, J. A. (2001). Maintaining front−line workers in child protection: A case for refocusing supervision. *Child Abuse Review, 10,* 323−335.

Guarino, K., Soares, P., Konnath, K., Clervil, R., & Bassuk, E. (2009). Trauma−informed organizational toolkit. Center for Mental Health Services, Substance Abuse and Mental Health Administration, and the Daniels Fund, the National Child Traumatic Stress Network and the WK Kellog Foundation, Rockville, MD,(www. familyhomelessness. org/media/90. pdf).

Gump, B. B., & Matthews, K. A. (2000). Are vacations good for your health? The 9−year mortality experience after the multiple risk factor intervention trial. *Psychosomatic Medicine, 62,* 608−612.

Halpern, J., & Tramontin, M. (2007). Disaster mental health−theory and practice, Brooks/Cole. 194−195.

Hargrave, P. A., Scott, K. M., & McDowall, J. (2006). To resolve or not to resolve: Past trauma and secondary traumatic stress in volunteer crisis workers. *Journal of Trauma Practice, 5,* 37–55.

Hariri, A. R., Bookheimer, S. Y., & Mazziotta, J. C. (2000). Modulating emotional responses: Effects of a neocortical network on the limbic system. *Neuroreport, 11,* 43–48.

Jain, S., Shapiro, S. L., Swanick, S., Roesch, S. C., Mills, P. J., Bell, I., & Schwartz, G. E. (2007). A randomized controlled trial of mindfulness meditation versus relaxation training: Effects on distress, positive states of mind, rumination, and distraction. *Annals of Behavioral Medicine, 33,* 11–21.

Janssen, O., & Van Yperen, N. W. (2004). Employees' goal orientations, the quality of leader–member exchange, and the outcomes of job performance and job satisfaction. *Academy of Management Journal, 47,* 368–384.

Kadambi, M. A., & Truscott, D. (2008). Traumatizing aspects of providing counselling in community agencies to survivors of sexual violence: A concept map. *Canadian Journal of Counselling & Psychotherapy/Revue, 42,* 192–208.

Kahill, S. (1988), Symptoms of professional burnout: A review of the empirical evidence. Canadian Psychology, 29(3), 284–297.

Killian, K. D. (2008). Helping till it hurts? A multimethod study of compassion fatigue, burnout, and self–care in clinicians working with trauma survivors. *Traumatology, 14,* 32–44.

Killingsworth, M. A., & Gilbert, D. T. (2010). A wandering mind is an unhappy mind. *Science, 330,* 932–932.

Klein, I., & Janoff–Bulman, R. (1996). Trauma history and personal narratives: Some clues to coping among survivor s of child abuse. *Child Abuse & Neglect, 20,* 45–54.

Kumlan Yu, Sang Min Lee & Elisabeth A. Nesbit (2008). Development of a Culturally Valid Counselor Burnout Inventory for Korean Counselors. Measurement and Evaluation in Counseling and Development, 41(3), 152–161.

Levine, P. A. (1997). Waking the tiger: *Healing trauma: The innate capacity to transform overwhelming experiences.* Berkeley, CA: North Atlantic Books.

Maslach & Jackson (1981). The measurement of experienced burnout. *Journal of occupational behavior, 2,* 99−113.

Maslach, C., & Leiter, M. P. (2008). Early predictors of job burnout and engagement. *Journal of Applied Psychology, 93,* 498−512.

Maslach, C., Leiter, M., & Schaufeli, W. (2008). Measuring Burnout. In (Ed.), The Oxford Handbook of Organizational Well Being. : Oxford University Press.

Nelson−Gardell, D., & Harris, D. (2003). *Child Welfare, 82,* 5−26.

O'Kearney, R., & Perrott, K. (2006). Trauma narratives in posttraumatic stress disorder: A review. *Journal of Traumatic Stress, 19,* 81−93.

Pearlman, L. A. (1995). *Self−care for trauma therapists: Ameliorating vicarious traumatization.* Baltimore, MD: The Sidran Press

Pearlman, L. A., & Saakvitne, K. W. (1995). Trauma and the therapist: *Countertransference and vicarious traumatization in psychotherapy with incest survivor.* New York, NY; Norton.

Rogers, C. (1995). *A way of being.* Boston, MA: Houghton Mifflin Harcourt.

Saakvitne, K. W. (2002). Shared trauma: The therapist's increased vulnerability. *Psychoanalytic Dialogues, 12,* 443−449.

Saakvitne, K. W., Pearlman, L. A., & Abrahamson, D. J. (1996). *Transforming the pain: A workbook on vicarious traumatization.* New York: WW Norton.

Schauer, M., Neuner, F., & Elbert, T. (2005). *Narrative exposure therapy: A short−term intervention for traumatic stress disorders after war, terror, or torture.* Boston, MA: Hogrefe & Huber.

Schaufeli & Greenglass, 2001, p. 501, Tage S. Kristensen, Marianne Borritz , Ebbe Villadsen & Karl B. Christensen (2005). The Copenhagen Burnout Inventory: A new tool for the assessment of burnout, Work & Stress, 19(3), 196에서 재인용.

Schaufeli, W. B. (1996). Maslach Burnout Inventory−General Survey (MBIGS). Maslach burnout inventory manual.

Schaufeli, W. B., Leiter, M. P., & Maslach, C. (2009). Burnout: 35 years of research and practice. Career development international, 14(3), 204－220.

Sibinga, E. M., & Wu, A. W. (2010). Clinician mindfulness and patient safety. *JAMA: Journal of the American Medical Association, 304,* 2532－2533.

Slattery, S. M., & Goodman, L. A. (2009). Secondary traumatic stress among domestic violence advocates: Workplace risk and protective factors. *Violence Against Women, 15,* 1358－1379.

Sprang, G., Clark, J. J., & Whitt－Woosley, A. (2007). Compassion fatigue, compassion satisfaction, and burnout: Factors impacting an professional's quality of life. *Journal of Loss and Trauma, 12,* 259－280.

Tage S. Kristensen , Marianne Borritz , Ebbe Villadsen & Karl B. Christensen (2005). The Copenhagen Burnout Inventory: A new tool for the assessment of burnout. Work & Stress, 19(3), 192－207.

Tobin, P. J., & Carson, J. (1994). Stress and the student social worker. *Social Work & Social Sciences Review, 5,* 246－255.

Tomlin, A. M., & Hadadian, A. (2007). Early intervention providers and high－risk families. *Early Child Development and Care, 177,* 187－194.

Tuval－Mashiah, R., Freedman, S., Bargai, N., Boker, R., Hadar, H., & Shalev, A. Y. (2004). Coping with trauma: Narrative and cognitive perspetives. *Psychiatry: Interpersonal and Biological Processes, 67,* 280－293.

van Dernoot Lipsky, L., (2009). *Trauma stewardship.* San Francisco, CA: Berrett－Koehler.

Walsh, F. (2003). Family resilience: A framework for clinical practice. *Family Process, 42,* 1－18.

Watkins, E. R., Mullan, E., Wingrove, J., Rimes, K., Steiner, H., Bathurst, N., Scott, J. (2011). Rumination－focused cognitive－behavioural therapy for residual depression: Phase II randomised controlled trial. *The British Journal of Psychiatry, 199,* 317－322.

Westman, M., & Etzion, D. (2001). The impact of vacation and job stress on burnout and absenteeism. *Psychology & Health, 16,* 595－606.

Wigren, J. (1994). Narrative completion in the treatment o trauma. *Psychotherapy: Theory, Research, Practice, Training, 31,* 415－423.

Williams, C. A. (1989). Empathy and burnout in male and female helping professionals. *Research in Nursing & Health, 12,* 169–178.

색 인

[ㄱ]
간접 외상 9
개인적 원인 8
공감만족 척도 23
공감피로 9
균형 14
기관의 자기 평가 33

[ㄴ]
냉소주의 3, 6

[ㅁ]
무력감 6

[ㅂ]
보상부적절 28
비관주의 6
비인간화 4

[ㅅ]
사회적 요인 8
상담자 소진 척도 19
소진 척도 23
소진 3
소진의 과정 7
소진의 과정 모델 7
소진의 단계 모델 7
수퍼비전 10
신체적 자기 돌봄 12
심리적 자기 돌봄 13

[ㅇ]
영적 자기 돌봄 13
외상 후 스트레스 장애 9
위기개입자 8
위기상황 10
이차적 외상 스트레스 9
2차성 외상 척도 24

[ㅈ]
자기 돌봄 11
전문가 삶의 질 척도 21
정서적 고갈 6
정서적 자기 돌봄 13
정서적 탈진 3, 4, 7
정신건강전문가용 간접 트라우마 관리 척도 24
조직적 요인 8
직무불안정 28
직무요구 28
직장문화 28
직장에서의 자기 돌봄 14

[ㅌ]
탈진 4

[ㅎ]
한국인 직무스트레스 측정도구 28
휴먼 서비스 5

[B]
burnout 3

[M]
Maslach Burnout Inventory－ Human Services Survey(MBI－HSS) 4, 18
MBI 5
MBI－ES 5
MBI－GS 5

[O]
OLBI 19

[S]
Secondary Trauma Care Inrentory: STCI 24

부록

관련 기관 안내

일반 정신 건강 관련 기관

기관명	연락처
〈정부 및 공공기관 및 유관기관〉	
보건복지부	129 (공휴일, 야간: 044－202－2118)
국립정신건강센터	02－2204－0114
중앙정신건강복지사업지원단	02－747－3070
질병관리본부	043－719－7065
국방헬프콜	1303
중앙장애인권익옹호기관	02－6951－1790
〈경찰 트라우마센터〉	
서울 보라매병원	02－870－2114
대전 유성선병원	1588－7011
부산 온종합병원	051－607－0114
광주 조선대학교병원	062－220－3398
〈광역정신건강복지센터〉	
서울시정신건강복지센터	02－3444－9934
경기도정신건강복지센터	031－212－0435~6
인천광역정신건강복지센터	032－468－9911
충청북도광역정신건강복지센터	043－217－0597
충청남도광역정신건강복지센터	041－633－9183
대전광역정신건강복지센터	042－486－0005
경상남도정신건강복지센터	055－239－1400
경상북도정신건강복지센터	054－748－6400
대구광역정신건강복지센터	053－256－0199
전라북도광역정신건강복지센터	063－251－0650
전라남도광역정신건강복지센터	061－350－1700

기관명	연락처
광주광역정신건강복지센터	062－600－1930
강원도광역정신건강복지센터	033－251－1970
울산광역정신건강복지센터	052－716－7199
부산광역정신건강복지센터	051－242－2575
제주특별자치도광역정신건강복지센터	064－717－3000
〈지역별 정신건강복지센터〉 － 서울	
강남구정신건강복지센터	02－2226－0344
강동구정신건강복지센터	02－471－3223
강북구정신건강복지센터	02－985－0222
강서구정신건강복지센터	02－2600－5926
관악구정신건강복지센터	02－879－4911
광진구정신건강복지센터	02－450－1895
구로정신건강복지센터	02－860－2618
금천구정신건강복지센터	02－3281－9314
노원구정신건강복지센터	02－950－4591
도봉구정신건강복지센터	02－900－5783
동대문구정신건강복지센터	02－963－1621
동작구정신건강복지센터	02－588－1455
마포구정신건강복지센터	02－3272－4937
서대문구정신건강복지센터	02－337－2165
서초구정신건강복지센터	02－2155－8215
성동구정신건강복지센터	02－2298－1080
성북구정신건강복지센터	02－2241－6304
송파정신건강복지센터	02－421－5871
양천구정신건강복지센터	02－2061－8881
영등포구정신건강복지센터	02－2670－4753
용산구정신건강복지센터	02－2199－8370
은평구정신건강복지센터	02－353－2801
종로구정신건강복지센터	02－745－0199
중구정신건강복지센터(서울)	02－2236－6606

기관명	연락처
중랑구정신건강복지센터	02－3422－5921~3
– 경기도	
가평군정신건강복지센터	031－581－8881
고양시아동청소년정신건강증진센터	031－908－3567
고양시정신건강증진센터	031－968－2333
과천시정신건강증진센터	02－504－4440
광명시정신건강복지센터	02－897－7786
광주시정신건강복지센터(경기)	031－762－8728
구리시정신건강복지센터	031－550－8614
군포시정신건강증진센터	031－461－1771
김포시정신건강복지센터	031－998－2005
남양주시정신건강복지센터	031－592－5891
동두천시정신건강복지센터	031－863－3632
부천시정신건강복지센터	032－654－4024~7
성남시소아청소년정신건강복지센터	031－751－2445
성남시정신건강복지센터	031－754－3220
수원시노인정신건강센터	031－273－7511
수원시아동청소년정신건강센터	031－242－5737
수원시정신건강복지센터	031－247－0888
수원시행복정신건강복지센터	031－253－5737
시흥시정신건강복지센터	031－316－6661
안산시정신건강복지센터	031－411－7573
안성시정신건강복지센터	031－378－5361~9
안양시정신건강복지센터	031－469－2989
양주시정신건강복지센터	031－840－7320
양평군정신건강복지센터	031－770－3526
여주시정신건강복지센터	031－886－3435
연천군정신건강증진센터	031－832－8106
오산시정신건강증진센터	031－374－8680
용인시정신건강증진센터	031－286－0949
의왕시정신보건센터	031－458－0682
의정부시정신건강복지센터	031－828－4547

기관명	연락처
이천시정신건강복지센터	031－637－2330
파주시정신건강증진센터	031－942－2117
평택시정신건강증진센터	031－658－9818
포천시 정신건강복지센터	031－532－1655
하남시정신건강복지센터	031－793－6552
화성시정신건강복지센터	031－369－2892
– 인천	
강화군정신건강복지센터	032－932－4093
계양구정신건강복지센터	032－547－7087
부평구정신건강증진센터	032－330－5602
연수구정신건강복지센터	032－749－8171~7
인천남구정신건강복지센터	032－421－4045~6
인천남동구정신건강복지센터	032－465－6412
인천동구정신건강복지센터	032－765－3690~1
인천서구정신건강증진센터	032－560－5006, 5039
인천중구정신건강증진센터	032－760－6090
– 충남	
계룡시정신건강복지센터	042－840－3584/3570
공주시정신건강복지센터	041－852－1094
금산군정신건강복지센터	041－751－4721
논산시정신건강복지센터	041－746－8073/4076
당진시정신건강복지센터	041－352－4071
보령시보건소정신건강복지센터	042－930－4184
부여군보건소정신건강복지센터	041－830－2502
서산시정신건강복지센터	041－661－6592
서천군정신건강복지센터	041－950－6733
아산시정신건강복지센터	041－537－4353
예산군정신건강복지센터	041－339－8029
천안시정신건강복지센터(동남구)	041－521－2664
천안시정신건강복지센터(서북구)	041－571－0199

기관명	연락처
청양군보건의료원 정신건강복지센터	041－940－4546
태안군보건의료원 정신건강복지센터	041－671－5398
홍성군정신건강복지센터	041－630－9076 / 보건소－9057
－ 충북	
괴산군정신건강증진센터	043－832－0330
단양군정신건강복지센터	043－420－3245
보은군정신건강복지센터	043－544－6991
영동군정신건강복지센터	043－740－5613/5624
옥천군정신건강복지센터	043－730－2195
음성군정신건강증진센터	043－872－1883~4, 043－878－1882
제천시정신건강복지센터	043－646－3074~5
증평군정신건강증진센터	043－835－4277
진천군정신건강증진센터	043－536－8387
청주시상당정신건강복지센터	043－201－3122~9
청주시서원정신건강복지센터	043－291－0199
청주시흥덕정신건강복지센터	043－234－8686
청주시청원정신건강복지센터	043－215－6868
충주시정신건강복지센터	043－855－4006
－ 세종	
세종시정신건강복지센터	044－861－8521
－ 대전	
대덕구정신건강복지센터	042－931－1671
동구정신건강복지센터(대전)	042－673－4619
서구정신건강증진센터(대전)	042－488－9748
유성구정신건강증진센터	042－825－3527
중구정신건강증진센터(대전)	042－257－9930
－ 경남	
거제시보건소 정신건강복지센터	055－639－6119
거창군정신건강증진센터	055－940－8344/8384

기관명	연락처
고성군보건소정신건강복지센터	055－670－4057~8
김해시정신건강복지센터	070－4632－2900
남해군보건소 정신건강복지센터	055－860－8701
밀양시정신건강복지센터	055－359－7081
사천시보건소 정신건강복지센터	055－831－2795/3575
산청군정신건강복지센터	055－970－7553
양산시정신건강복지센터	055－367－2255
의령군보건소/의령군정신건강증진센터	055－570－4093/4023
진주시보건소정신건강증진센터	055－749－4575/5774
창녕군정신건강복지센터	055－530－6225
창원시 마산정신건강복지센터	055－225－6031
창원시 진해정신건강복지센터	055－225－6691
창원시 창원정신건강복지센터	055－287－1223
통영시정신건강복지센터	055－650－6122/6153
하동군정신건강복지센터	055－880－6670
함안군보건소 정신건강복지센터	055－580－3201/3131
함양군보건소 정신건강복지센터	055－960－5358/4685
합천군 보건소 정신건강복지센터	055－930－4835/3720
－ 경북	
경산시정신건강복지센터	053－816－7190
경주시정신건강복지센터	054－777－1577
구미시정신건강복지센터	054－480－4047
김천시정신건강복지센터	054－433－4005
문경시정신건강증진센터	054－554－0802
봉화군정신건강복지센터	054－679－1126
상주시정신건강복지센터	054－536－0668
성주군정신건강복지센터	054－930－8112

기관명	연락처
안동시정신건강복지센터	054-842-9933
영덕군정신건강복지센터	054-730-7161~4
영주시 정신건강복지센터	054-639-5978
영천시정신건강증진센터	054-331-6770
칠곡군정신건강복지센터	054-973-2024
포항시남구정신건강복지센터	054-270-4073/4091
포항시북구정신건강증진센터	054-270-4193~8
- 대구	
남구정신건강증진센터(대구)	053-628-5863
달서구정신건강복지센터	053-637-7851
달성군정신건강증진센터	053-643-0199
동구정신건강복지센터(대구)	053-983-8340,2
북구정신건강복지센터(대구)	053-353-3631
서구정신건강증진센터(대구)	053-564-2595
수성구정신건강증진센터	053-756-5860
중구정신건강복지센터(대구)	053-256-2900
- 전남	
강진군정신건강복지센터	061-430-3542/3560
고흥군정신건강복지센터	061-830-6636/6673
광양시정신건강증진센터	061-797-3778
곡성군정신건강복지센터	061-363-9917
구례군정신건강복지센터	061-780-2023/2047
나주시정신건강증진센터	061-333-6200
담양군보건소/담양군정신건강복지센터	061-380-3995
목포시정신건강복지센터	061-276-0199
무안정신건강복지센터	061-450-5032
보성군정신건강증진센터	061-853-5500
순천시정신건강복지센터	061-749-6884/6928
여수시정신건강복지센터	061-659-4255/4289

기관명	연락처
영광군 정신건강복지센터	061-350-5666, 061-353-9401
완도군정신건강증진센터	061-550-6742/6745
장성군정신건강증진센터	061-390-8373/395-0199
장흥군정신건강복지센터	061-860-0549/0541
진도군정신건강복지센터	061-540-6058
함평군정신건강복지센터	061-320-2428/2512
해남군정신건강복지센터	061-531-3763/3767
화순군정신건강복지센터	061-379-5305
- 전북	
고창군 정신건강증진센터	063-563-8738
군산시정신건강증진센터	063-445-9191
김제시정신건강복지센터	063-542-1350
남원시정신건강복지센터	063-635-4122
부안군정신건강증진센터	063-581-5831
완주군정신건강복지센터	063-262-3066
익산시정신건강증진센터	063-841-4235
전주시정신건강증진센터	063-273-6995~6
정읍시정신건강증진센터	063-535-2101
진안군 정신건강증진센터	063-432-8529
무주군정신건강복지센터	063-320-8232
- 광주	
광산구정신건강증진센터	062-941-8567
광주남구정신건강증진센터	062-676-8236
광주동구정신건강증진센터	062-233-0468
광주북구정신건강증진센터(본소)	062-267-5510
광주북구정신건강복지센터(분소)	062-267-4800
광주서구정신건강증진센터	062-350-4195

기관명	연락처
– 강원도	
강릉시정신건강복지센터	033–651–9668
고성군정신건강복지센터(강원)	033–682–4020
동해시정신건강복지센터	033–533–0197
삼척시정신건강복지센터	033–574–0190
속초시정신건강복지센터	033–633–4088
양구군정신건강복지센터	033–480–2789
양양군정신건강증진센터	033–673–0197, 0199
영월군정신건강복지센터	033–374–0199
원주시정신건강복지센터	033–746–0198
인제군보건소 정신건강복지센터	033–460–2245, 033–461–7427
정선군보건소 정신건강복지센터	033–560–2896
철원군보건소 철원군정신건강증진센터	033–450–5104
춘천시정신건강복지센터	033–241–4256
태백시정신건강복지센터	033–554–1278
평창군보건의료원 정신건강복지센터	033–330–4872
홍천군정신건강증진센터	033–430–4035
화천군보건소 정신건강복지센터	033–441–4000
횡성군정신건강증진센터	033–345–9901
– 울산	
울산울주군정신건강복지센터	052–262–1148
울산남구정신건강복지센터	052–227–1116
울산동구정신건강복지센터	052–233–1040
울산북구정신건강복지센터	052–288–0043
울산중구정신건강증진센터	052–292–2900
– 부산	
강서구정신건강증진센터(부산)	051–970–3417
금정구정신건강증진센터	051–518–8700

기관명	연락처
기장군정신건강증진센터	051–727–5386
남구정신건강증진센터(부산)	051–626–4660,1
동구정신건강복지센터(부산)	051–911–4600
동래구정신건강복지센터	051–507–7306~7
북구정신건강복지센터(부산)	051–334–3200
사상구정신건강증진센터	051–314–4101
사하구정신건강복지센터	051–265–0512
서구정신건강증진센터(부산)	051–256–1983
수영구정신건강증진센터	051–714–5681
연제구정신건강복지센터	051–861–1914
영도구정신건강복지센터	051–404–3379
중구정신건강복지센터(부산)	051–257–7057
진구정신건강증진센터	051–638–2662
해운대구정신건강복지센터	051–741–3567
– 제주	
서귀포시정신건강복지센터	064–760–6553
제주시정신건강증진센터	064–728–4075
〈지방 보건소〉 – 전남	
신안군 보건소	061–240–8095
영암군 보건소	061–470–6539
– 전북	
순창군보건의료원	063–650–5247
임실군보건의료원	063–640–3144
장수군보건의료원	063–350–3162
– 경북	
고령군보건소	054–954–1300
청도군 보건소	054–370–6296
군위군 보건소	054–383–4000
예천군 보건소	054–650–8033
영양군 보건소	054–680–5132
울릉군보건의료원	054–790–6871
의성군 보건소	054–830–6684
청송군 보건의료원	054–870–7200

자살 관련 기관

기관명	연락처
한국자살예방협회	02-413-0892-3
한마음한몸자살예방센터	02-318-3079
사랑의전화상담센터	02-3272-4242
불교상담개발원(자비의전화)	02-737-7378
(사)생명존중교육협의회	02-904-6647
기독교자살예방센터	070-8749-2114
중앙자살예방센터	02-2203-0053
〈생명의 전화〉	
한국생명의전화	02-763-9195
서서울생명의전화	02-2649-9233
수원생명의전화	031-237-3120
안양생명의전화	031-383-9114
고양생명의전화	031-901-1391
부천생명의전화	032-325-2322
충주생명의전화	043-842-9191
광주생명의전화	062-232-9192
전주생명의전화	063-286-9192
대구생명의전화	053-475-9193
포항생명의전화	054-252-9177
울산생명의전화	052-265-5570
부산생명의전화	051-807-9195
제주생명의전화	064-744-9190
〈광역자살예방센터〉	
서울시자살예방센터	02-3458-1000
경기도자살예방센터	031-212-0437
인천광역시자살예방센터	032-468-9911
대구광역자살예방센터	053-256-0199
광주광역자살예방센터	062-600-1930
강원도자살예방센터	033-251-1970
부산광역자살예방센터	051-242-2575
〈지역자살예방센터〉 - 서울	
성동구자살예방센터	02-2298-7119

기관명	연락처
성북구자살예방센터	02-916-9118
- 경기	
가평군자살예방센터	031-581-8872
광명시자살예방센터	02-2618-8255
성남시정신건강증진센터 부설 성남	031-754-3220
수원시자살예방센터	031-247-3279
시흥시자살예방센터	031-316-6664
안산시자살예방센터	031-418-0123
여주시자살예방센터	031-886-3435
양평군자살예방센터부설양평군자	031-770-3532, 26
용인시자살예방센터	070-4457-9373
이천시자살예방센터	031-637-2330
의정부시정신건강복지센터 부설	031-828-4547
화성시자살예방센터	031-369-2892
- 인천	
인천남구자살예방센터	032-421-4047
- 충남	
천안시자살예방센터	041-571-0199
- 전북	
남원시자살예방센터	063-635-4122
- 강원	
강릉시정신건강복지센터부설강릉	033-651-9668
원주시정신건강복지센터부설원주	033-746-0198
홍천군정신건강복지센터부설홍천	033-435-7482
- 울산	
울산남구자살예방센터	052-227-1116
울산동구자살예방센터	052-233-1040
울산북구자살예방센터	052-288-0043
울산중구자살예방센터	052-292-2900

여성 관련 기관

기관명	연락처
〈여성 긴급전화 1366〉	
중앙센터	1366
서울	02－1366
경기	031－1366
경기북부	031－1366
인천	032－1366
충북	043－1366
충남	041－1366
대전	042－1366
전북	063－1366
전남	061－1366
광주	062－1366
경북	054－1366
경남	055－1366
대구	053－1366
강원	033－1366
울산	052－1366
부산	051－1366
제주	064－1366
〈여성 관련 전문 기관〉	
(사)한국여성상담센터	02－953－1704
(사)한국여성장애인연합	02－3675－9935, 02－766－9935
〈한국 여성의 전화〉	
서울강서양천여성의전화	02－2605－8466
김포여성의전화	가정폭력상담: 031－986－0136
광명여성의전화	가정폭력상담: 02－2060－2545 이메일상담: kmwhl@hanmail.net
성남여성의전화	가정폭력상담: 031－751－6677 성폭력상담: 031－751－1120 이메일상담: snwhl@naver.com
수원여성의전화	가정폭력상담: 031－232－6888

기관명	연락처
	성폭력상담: 031－224－6888 성매매상담: 031－222－0122 청소년열린터: 031－253－8298
시흥여성의전화	여성폭력상담: 031－496－9393 가정폭력상담: 031－496－9494 이메일상담: shwhl@jinbo.ne
안양여성의전화	가정폭력상담: 031－468－1366 성폭력상담: 031－466－1366
부천여성의전화	상담: 032－328－9711
강릉여성의전화	상담 : 033－643－1982, 033－643－1985 이메일상담: gw1985@hanmail.net
군산여성의전화	상담: 063－445－2285
익산여성의전화	상담: 063－858－9191 이메일상담: iswhl@hanmail.net
전주여성의전화	상담: 063－283－9855, 063－282－1366
영광여성의전화	상담: 061－352－1321
청주여성의전화	여성폭력상담: 043－252－0966, 043－252－0968
천안여성의전화	여성폭력상담: 041－561－0303
창원여성의전화	여성폭력상담: 055－267－1366, 055－283－8322
진해여성의전화	상담: 055－546－8322, 055－546－0036 참살이: 055－546－1409 이메일상담: jhwhl01@hanmail.net
광주여성의전화	일반상담: 062－363－0442~3 가정폭력상담: 062－363－0485 성폭력상담: 062－363－0487 성매매상담: 062－384－8297
대구여성의전화	가정폭력상담: 053－471－6482 성폭력상담: 053－471－6483 이메일상담: esco10@hananet.net
울산여성의전화	여성주의상담: 052－244－1555

기관명	연락처
부산여성의전화	가정폭력상담: 051-817-6464 성폭력상담: 051-817-6474
〈한국여성민우회〉	
한국여성민우회	02-737-5763
한국여성민우회(성폭력 상담)	02-335-1858
한국여성민우회(여성연예인인권지원)	02-736-1366
서울남서여성민우회	02-2643-1253
서울동북여성민우회	02-3492-7141
고양파주여성민우회	031-907-1003
군포여성민우회	031-396-0201
인천여성민우회	032-525-2219
광주여성민우회	062-529-0383
진주여성민우회	055-743-0410
원주여성민우회	033-732-4116
춘천여성민우회	033-255-5557

아동 관련 기관

기관명	연락처
중앙아동보호전문기관	02－558－1391
〈지역아동센터〉	
한국지역아동센터연합회	1544－4196
지역아동센터중앙지원단	02－365－1264, 02－581－1264
서울지원단	02－2632－3125
인천지원단	032－425－7327－8
경기북부지원단	031－595－7859/7869
경기남부지원단	031－236－2729
충북지원단	043－287－9095
충남지원단	041－557－2729
대전지원단	042－226－2729
강원지원단	033－255－1008,9
전북지원단	063－274－5479
전남지원단	061－272－7951~2
광주지원단	062－522－9976, 062－521－9975
경북지원단	054－463－7275~6
울산지원단	052－221－2729
경남지원단	055－252－1379
대구지원단	053－476－1613
부산지원단	051－440－3020~1
제주지원단	064－756－5579
〈아동보호전문기관〉 － 서울	
중앙아동보호전문기관	02－558－1391
노원구아동보호전문기관	02－974－1391
서울동남권아동보호전문기관	02－474－1391
서울특별시아동보호전문기관	02－2040－4242
서울특별시동부아동보호전문기관	02－2247－1391
서울강서아동보호전문기관	02－3665－5183~5
서울은평아동보호전문기관	02－3157－1391
서울영등포아동보호전문기관	02－842－0094

기관명	연락처
서울성북아동보호전문기관	02－923－5440
서울마포아동보호전문기관	02－422－1391
－ 경기	
수원아동보호전문기관	031－8009－0080
경기평택아동보호전문기관	031－652－1391
경기시흥아동보호전문기관	031－316－1391
경기용인아동보호전문기관	031－275－6177
안산시아동보호전문기관	031－402－0442
경기도아동보호전문기관	031－245－2448
경기북부아동보호전문기관	031－874－9100
경기성남아동보호전문기관	031－756－1391
경기고양아동보호전문기관	031－966－1391
경기부천아동보호전문기관	032－662－2580
경기화성아동보호전문기관	031－227－1310
경기남양주아동보호전문기관	031－592－9818
－ 인천	
인천남부아동보호전문기관	032－424－1391
인천광역시아동보호전문기관	032－434－1391
인천북부아동보호전문기관	032－515－1391
－ 충청북도	
충청북도아동보호전문기관	043－216－1391
충북북부아동보호전문기관	043－ 645－9078
충북남부아동보호전문기관	043－731－3686
－ 충청남도	
충청남도서부아동보호전문기관	041－635－1106
충청남도아동보호전문기관	041－578－2655
충청남도남부아동보호전문기관	041－734－6640~1
－ 대전	
대전광역시아동보호전문기관	042－254－6790
－ 세종시	
세종시아동보호전문기관	044－864－1393

기관명	연락처
– 전라북도	
전라북도아동보호전문기관	063–283–1391
전라북도서부아동보호전문기관	063–852–1391
전라북도서부아동보호전문기관 군산분소	063–734–1391
전라북도동부아동보호전문기관	063–635–1391~3
– 전라남도	
전남중부권아동보호전문기관	061–332–1391
전라남도아동보호전문기관	061–753–5125
전남서부권아동보호전문기관	061–285–1391
전남서부권아동보호전문기관 분사무소	061–284–1391
– 광주	
빛고을아동보호전문기관	062–675–1391
광주광역시아동보호전문기관	062–385–1391
– 경상북도	
경북남부아동보호전문기관	054–745–1391
경북북부아동보호전문기관	054–853–0237~8
경북동부아동보호전문기관	054–284–1391
경북서부아동보호전문기관	054–455–1391
– 경상남도	
김해시아동보호전문기관	055–322–1391
경상남도아동보호전문기관	055–244–1391
경상남도아동보호전문기관 양산사무소	055–367–1391
경남서부아동보호전문기관	055–757–1391
– 대구	
대구광역시북부아동보호전문기관	053–710–1391
대구광역시남부아동보호전문기관	053–623–1391
대구광역시아동보호전문기관	053–422–1391
– 강원	
강원남부아동보호전문기관	033–535–5391

기관명	연락처
강원도아동보호전문기관	033–244–1391
강원동부아동보호전문기관	033–644–1391
강원서부아동보호전문기관	033–766–1391
– 울산	
울산남부아동보호전문기관	052–256–1391
울산광역시아동보호전문기관	052–245–9382
– 부산	
부산남부아동보호전문기관	051–791–1360
부산서부아동보호전문기관	051–711–1391
부산광역시아동보호전문기관	051–791–1391
부산동부아동보호전문기관	051–715–1391
– 제주	
제주특별자치도아동보호전문기관	064–712–1391~2
서귀포시아동보호전문기관	064–732–1391
〈아동학대예방센터〉	
서울특별시아동학대예방센터	02–2040–4242
서울동부아동학대예방센터	02–2247–1391
서울강서아동학대예방센터	02–3665–5184
서울은평아동학대예방센터	02–3157–1391
서울영등포아동학대예방센터	02–842–0094
서울성북아동학대예방센터	02–923–5440
서울마포아동학대예방센터	02–422–1391
서울동남권아동학대예방센터	02–474–1391
〈아동학대예방협회_민간단체〉 – 서울	
서울시 강동구 지회	010–7169–7851
서울시 강서구 지회	010–5239–7334
서울시 강북구 지회	011–790–7707
서울시 구로구 지회	010–6747–0101
서울시 관악구 지회	02–884–2795, 010–6265–2745
서울 강북구 수유 지회	010–5001–7299
서울시 금천구 지회	010–3207–7932
서울시 노원구 지회	010–5084–8425

기관명	연락처
서울시 동대문구 이문지회	010－7302－1122
서울시 동대문구 지회	010－2322－5258
서울시 동작구 지회	010－3780－5874, 02－826－4916
서울시 동작구 상도 지회	010－8728－1366
서울시 서대문구 지회	010－5313－0655
서울시 송파구 지회	010－5280－1497
서울시 양천구 지회	010－8745－3644
서울시 영등포구 지회	010－6656－8309
서울시 용산구 지회	010－3383－7413
서울시 서초구 지회	02－599－6009, 010－4728－5591
서울시 성북구 지회	02－599－6009, 010－4728－5591
서울시 성동구 지회	02－2297－1896, 010－9377－1896
서울시 중랑구 지회	010－3288－3010
서울시 강남구 지회	010－2848－1215
－ 인천	
인천광역시 중구 지부	010－3225－8938
－ 경기도	
경기도 지부	031－654－7797, 010－9475－7787
경기도 고양시 지회	010－8280－0699
경기도 광명시 지회	010－8327－9819
경기도 일산시 서구 지회	010－2571－0192
경기도 이천시 지회	02－2201－6501, 010－2555－7111
경기도 안양시 지회	010－7316－1569
경기도 안산시 지회	010－2055－1569
경기도 용인시 지회	031－282－2221, 010－8921－2526
경기도 수원시 지회	010－6280－8596
경기도 수원시 권선구 지회	031－237－1515, 010－2004－8281
경기도 수원시 영통구 지회	031－216－1159

기관명	연락처
경기도 수원시 장안구 지회	010－9282－9892
경기도 수원시 팔달구 지회	010－5350－7919
경기도 성남시 지회	031－781－2611
경기도 오산시 지회	010－6727－4447
경기도 부천시 지회	010－8744－4957
경기도 평택시 비전 지회	010－3337－3044
경기도 성남시 분당구 지회	010－8216－5777
경기도 화성시 지회	031－226－2004, 010－2599－7685
경기도 화성시 남부지회	031－221－1190, 010－2375－1190
경기도 화성시 서부지부	031－227－7268, 010－4023－7218
경기도 화성시 동부지회	010－2842－7656
경기도 화성 서남부지회	010－5006－9861
경기도 화성 북부지회	010－7477－5713
경기도 화성시 화성융건지회 지회장	010－3310－2075
－ 경상남도	
경상남도 함안 지회	055－582－7589, 010－3066－7099
－ 경상북도	
경상북도 지부	054－532－1473
－ 전라북도	
전북지회	010－4001－1010
－ 전라남도	
전라남도 광주시 남구 지회	010－2214－4800
－ 충청남도	
충청남도 지부	041－545－6521, 010－5451－6522
충청남도 보령시 지회	041－935－0160
충청남도 예산시 지회	041－335－1961, 010－2519－8474
충청남도 태안군 지부	010－9699－7179

기관명	연락처
– 강원도	
강원도 지부	033–255–1387 010–9589–8079
– 울산	
울산광역시 울산 지부	010–2562–1455
울산광역시 울주군 지회	010–9311–4830
m– 제주	
제주특별자치도 지부	064–725–1200, 010–3751–2864

청소년 관련 기관

기관명	연락처
에듀넷 도란도란 학교폭력예방	117
청소년 사이버상담센터	1388
청예단 학교폭력SOS지원단	02－598－1640
탁틴내일(아동청소년성폭력 상담소)	02－3141－6191
〈청소년상담복지센터〉	
서울특별시청소년상담복지센터	02－2285－1318
서울강남구청소년상담복지센터	02－2226－8555
서울강동구청소년상담복지센터	070－8819－1388
서울강북구청소년상담복지센터	02－6715－6661
서울강서구청소년상담복지센터	02－2061－8998
서울관악구청소년상담복지센터	02－872－1318
서울광진구청소년상담복지센터	02－2205－2300
서울구로구청소년상담복지센터	02－852－1319
서울금천구청소년상담복지센터	02－803－1873
서울노원구청소년상담복지센터	02－2091－1387
서울도봉구청소년상담복지센터	02－950－9641
서울동대문구청소년상담복지센터	02－2236－1377
서울동작구청소년상담복지센터	02－845－1388
서울마포구청소년상담복지센터	02－3153－5982
서울서대문구청소년상담복지센터	02－3141－1318
서울서초구청소년상담복지센터	02－586－9128
서울성동구청소년상담복지센터	02－2299－1388
서울성북구청소년상담복지센터	02－3292－1779
서울송파구청소년상담복지센터	02－449－7173
서울양천구청소년상담복지센터	02－2646－8341
서울영등포구청소년상담복지센터	02－2676－6114
서울용산구청소년상담복지센터	02－716－1318
서울은평구청소년상담복지센터	02－384－1318
서울종로구청소년상담복지센터	02－762－1318

기관명	연락처
서울중랑구청소년상담복지센터	02－496－1895
부산광역시청소년상담복지센터	051－804－5001 ~2
부산금정구청소년상담복지센터	051－581－2084
부산기장군청소년상담복지센터	051－792－4880
부산남구청소년상담복지센터	051－621－1389
부산동래구청소년상담복지센터	051－555－1387
부산북구청소년상담복지센터	051－343－1388
부산사하구청소년상담복지센터	051－207－7169
부산서구청소년상담복지센터	051－714－3013
부산수영구청소년상담복지센터	051－759－8413
부산영도구청소년상담복지센터	051－405－5605
부산진구청소년상담복지센터	051－868－0956
부산해운대구청소년상담복지센터	051－731－4046
사상구청소년상담복지센터	051－327－1388
대구광역시청소년상담복지센터	053－659－6240
대구남구청소년상담복지센터	053－624－0996
대구달서구청소년상담복지센터	053－638－1388
대구달성군청소년상담복지센터	053－614－1388
대구동구청소년상담복지센터	053－984－1319
대구북구청소년상담복지센터	053－324－7388
대구서구청소년상담복지센터	053－562－1388
대구수성구청소년상담복지센터	053－759－1388
대구중구청소년상담복지센터	053－423－1377
인천광역시청소년상담복지센터	032－429－0394
인천계양구청소년상담복지센터	032－547－0855
인천남동구청소년상담복지센터	032－469－7197
인천동구청소년상담복지센터	032－777－1388
인천미추홀구청소년상담복지센터	032－862－8751
인천부평구청소년상담복지센터	032－509－8916
인천서구청소년상담복지센터	032－584－1388
인천연수구청소년상담복지센터	032－818－0358

기관명	연락처
인천중구청소년상담복지센터	032-773-1317
광주광역시청소년상담복지센터	062-226-8181
광주광산구청소년상담복지센터	062-943-1388
광주남구청소년상담복지센터	062-675-1388
광주동구청소년상담복지센터	062-229-3308
광주북구청소년상담복지센터	062-251-1388
광주서구청소년상담복지센터	062-375-1388
대전광역시청소년상담복지센터	042-257-6577
대전서구청소년상담복지센터	042-527-1112 ~3
대전유성구청소년상담복지센터	042-824-3454
경기도청소년상담복지센터	031-248-1318
가평군청소년상담복지센터	031-581-0397
고양시청소년상담복지센터	031-979-1318
과천시청소년상담복지센터	02-504-1388
광명시립청소년상담복지센터	02-809-2000
광주시청소년상담복지센터	031-760-2219
구리시청소년상담복지센터	031-557-2000
군포시청소년상담복지센터	031-397-1388
김포시청소년상담복지센터	031-984-1388
남양주시청소년상담복지센터(본소)	031-590-8097 ~8, 031-590-8971 ~2
남양주시청소년상담복지센터(동부분소)	031-590-8403, 8404
남양주시청소년상담복지센터(북부분소)	031-590-8979, 8980
동두천시청소년상담복지센터	031-861-1388
부천시청소년상담복지센터(본소)	032-325-3002
부천시청소년상담복지센터(분소_소사센터)	032-325-3002
부천시청소년상담복지센터(오정분소)	032-325-3002
성남시청소년상담복지센터	031-756-1388

기관명	연락처
수원시청소년상담복지센터(팔달)	031-218-0446
수원시청소년상담복지센터(장안)	031-242-1318
수원시청소년상담복지센터(영통)	031-215-1318
수원시청소년상담복지센터(권선)	031-236-1318
수원시청소년상담복지센터(광교)	031-216-8354
수원시청소년상담복지센터(칠보)	031-278-6862
시흥시청소년상담복지센터	031-318-7100
안산시청소년상담복지센터	031-414-1318
안성시청소년상담복지센터	031-676-1318
안양시청소년상담복지센터	031-446-0242
양주시청소년상담복지센터	031-858-1318
양평군청소년상담복지센터	031-775-1318
여주시청소년상담복지센터	031-882-8889
연천군청소년상담복지센터	031-832-4452
오산시청소년상담복지센터	031-372-4004
용인시청소년상담복지센터	031-324-9300
의왕시청소년상담복지센터	031-452-1388
의정부시청소년상담복지센터(본소)	031-873-1388
의정부시청소년상담복지센터(호원분소)	031-873-1388
이천시청소년상담복지센터	031-632-7099
파주시청소년상담복지센터	031-946-0022
평택시청소년상담복지센터	031-656-1383
포천시청소년상담복지센터(본소)	031-533-1318
포천시청소년상담복지센터(포천분소)	031-536-1388
하남시청소년상담복지센터	031-790-6680
화성시청소년상담복지센터(본소)	031-225-1318, 031-225-0924
화성시청소년상담복지센터(향남분소)	031-225-1318, 031-225-0924
강원도청소년상담복지센터	033-256-9803, 033-256-9804
강릉시청소년상담복지센터	033-646-7942

기관명	연락처
동해시청소년상담복지센터	033－535－1388
속초시청소년상담복지센터	033－638－1388
영월군청소년상담복지센터	033－375－1318
원주시청소년상담복지센터	033－744－1388
정선군청소년상담복지센터	033－591－1313
철원군청소년상담복지센터	033－452－2000
춘천시청소년상담복지센터	033－818－1388
태백시청소년상담복지센터	033－582－1377
홍천군청소년상담복지센터	033－433－1386
횡성군청소년상담복지센터	033－344－1388
충청북도청소년상담복지센터	043－258－2000
괴산군청소년상담복지센터	043－830－3826
단양군청소년상담복지센터	043－421－8370
보은군청소년상담복지센터	043－542－1388
서청주청소년상담복지센터	043－297－1388
영동군청소년상담복지센터	043－744－5700
옥천군청소년상담복지센터	043－731－1388
음성군청소년상담복지센터	043－873－1318
제천시청소년상담복지센터	043－642－7949
증평군청소년상담복지센터	043－835－4188
진천군청소년상담복지센터	043－536－3430
청주시청소년상담복지센터	043－275－1388
충주시청소년상담복지센터	043－842－2007
충청남도청소년상담복지센터	041－554－2130
계룡시청소년상담복지센터	042－551－1318
공주시청소년상담복지센터	041－856－1388
금산군청소년상담복지센터	041－751－2007
논산시청소년상담복지센터	041－736－2041
당진시청소년상담복지센터	041－357－2000
보령시청소년상담복지센터	041－936－5710
부여군청소년상담복지센터	041－836－1898
서산시청소년상담복지센터	041－669－2000
서천군청소년상담복지센터	041－953－4040
아산시청소년상담복지센터	041－532－2000
예산군청소년상담복지센터	041－335－1388

기관명	연락처
천안시청소년상담복지센터	041－622－1388
청양군청소년상담복지센터	041－942－9596
태안군청소년상담복지센터	041－674－2800
홍성군청소년상담복지센터	041－634－4858
전라북도청소년상담복지센터	063－276－6291
고창군청소년상담복지센터	063－563－6792
군산시청소년상담복지센터	063－466－1388
김제시청소년상담복지센터	063－544－1377
남원시청소년상담복지센터	063－635－1388
무주군청소년상담복지센터	063－323－7717
부안군청소년상담복지센터	063－583－8772
순창군청소년상담복지센터	063－653－4646
완주군청소년상담복지센터	063－291－7373
익산시청소년상담복지센터	063－852－1388
임실군청소년상담복지센터	063－644－1388
장수군청소년상담복지센터	063－351－5161
전주시청소년상담복지센터	063－236－1388
정읍시청소년상담복지센터	063－531－3000
진안군청소년상담복지센터	063－433－2377
전라남도청소년상담복지센터	061－280－9001
강진군청소년상담복지센터	061－432－1388
고흥군청소년상담복지센터	061－834－1317 ~8
곡성군청소년상담복지센터	061－363－9584
광양시청소년상담복지센터	061－795－1388
구례군청소년상담복지센터	061－782－0884
나주시청소년상담복지센터	061－334－1388
담양군청소년상담복지센터	061－381－1386
목포시청소년상담복지센터	061－272－2440
무안군청소년상담복지센터	061－454－5284
보성군청소년상담복지센터	061－853－1388
순천시청소년상담복지센터	061－745－1388
신안군청소년상담복지센터	061－240－8703
여수시청소년상담복지센터	061－663－2000
영광군청소년상담복지센터	061－353－1388

기관명	연락처
영암군청소년상담복지센터	061–471–8375
완도군청소년상담복지센터	061–554–1318
장성군청소년상담복지센터	061–817–1388
장흥군청소년상담복지센터	061–863–1318
진도군청소년상담복지센터	061–544–5122
함평군청소년상담복지센터	061–323–1324
해남군청소년상담복지센터	061–537–1388
화순군청소년상담복지센터	061–375–7442
경상북도청소년상담복지센터	054–1388
경산시청소년상담복지센터	053–812–1318
경주시청소년상담복지센터	054–742–1388
고령군청소년상담복지센터	054–956–1383
구미시청소년상담복지센터	054–443–1387
군위군청소년상담복지센터	054–382–1388
김천시청소년상담복지센터	054–435–1388
문경시청소년상담복지센터	054–556–1389
봉화군청소년상담복자센터	054–674–1388
상주시청소년상담복지센터	054–535–3511
성주군청소년상담복지센터	054–931–1398
안동시청소년상담복지센터	054–859–1318
영덕군청소년상담복지센터	054–732–1318
영주시청소년상담복지센터	054–634–1318
영천시청소년상담복지센터	054–338–1388
예천군청소년상담복지센터	054–654–9901
울진군청소년상담복지센터	054–781–0079
의성군청소년상담복지센터	054–834–7933
청도군청소년상담복지센터	054–373–1610
청송군청소년상담복지센터	054–872–7626
칠곡군청소년상담복지센터	054–971–0418
포항시청소년상담복지센터	054–252–0020
경상남도청소년지원재단	055–711–1388
거제시청소년상담복지센터	055–636–2000
거창군청소년상담복지센터	055–941–2000
고성군청소년상담복지센터	055–673–6882
김해시청소년상담복지센터(본소)	055–325–2000

기관명	연락처
김해시청소년상담복지센터(서부)	055–330–7920
남해군청소년상담복지센터	055–863–5279
밀양시청소년상담복지센터	055–355–2000
사천시청소년상담복지센터	055–835–4199
산청군청소년상담복지센터	055–973–8423
양산시청소년상담복지센터(본소)	055–372–2000
양산시청소년상담복지센터(웅상분소)	055–367–1318
의령군청소년상담복지센터	055–570–2427
진주시청소년상담복지센터	055–744–2000
창녕군청소년상담복지센터	055–532–2000
창원시마산청소년상담복지센터	055–245–7941, 055–245–7925
창원시진해청소년상담복지센터	055–551–2000
창원시창원청소년상담복지센터	055–273–2000
통영시청소년상담복지센터	055–644–2000
하동군청소년상담복지센터	055–883–3000
함안군청소년상담복지센터	055–583–0924
함양군청소년상담복지센터	055–963–7922
합천군청소년상담복지센터	055–932–5499
울산광역시청소년상담복지센터	052–1388
울산남구청소년상담복지센터	052–291–1388
울산동구청소년상담복지센터	052–233–5279
울산북구청소년상담복지센터	052–283–1388
울산울주군청소년상담복지센터	052–229–1388
세종특별자치시청소년상담복지센터	044–867–2022
제주특별자치도청소년상담복지센터	064–759–9951
서귀포시청소년상담복지센터	064–763–9191
제주시청소년상담복지센터	064–725–7999
〈Wee센터〉 – 서울	
북부Wee센터	02–949–7887
서부Wee센터	02–390–5585

기관명	연락처
서울통합Wee센터	02-3999-505
성동광진Wee센터	02-2205-3633
성북강북Wee센터	02-917-7887
중부Wee센터	02-722-7887
학업중단예방Wee센터	02-3999-098
강남서초Wee센터	02-3444-7887
강동송파Wee센터	02-3431-7887
강서양천Wee센터	02-2665-7179
남부SOS통합Wee센터	02-864-8416
남부Wee센터	02-2677-7887
남부교육지원청 꿈세움Wee 센터	02-2625-9128
동부Wee센터	02-2233-7883
동작관악Wee센터	02-884-7887
마음이랑 Wee센터	02-2297-7887
밝음이랑Wee센터	02-853-2460
- 경기	
가평교육지원청Wee센터	031-580-5174
고양교육지원청Wee센터	031-901-9173
광명교육지원청Wee센터	02-2610-1472
광주하남교육지원청Wee센터	031-760-4092
구리남양주교육지원청Wee센터	031-550-6132
군포의왕교육지원청Wee센터	031-390-1113
김포교육지원청Wee센터	031-985-3986
동두천양주교육지원청Wee센터	031-860-4354
부천교육지원청Wee센터	070-7099-2175
성남교육지원청Wee센터	031-780-2655
수원교육지원청Wee센터	031-246-0818
시흥교육지원청Wee센터	031-488-2417
안산교육지원청Wee센터	031-508-5805
안성교육지원청Wee센터	031-678-5285
안양과천교육지원청Wee센터	031-380-7070
양평교육지원청Wee센터	031-770-5284
여주교육지원청Wee센터	031-883-2795

기관명	연락처
연천교육지원청Wee센터	031-839-0129
용인교육지원청Wee센터	031-889-5890
의정부교육지원청Wee센터	031-820-0093
이천교육지원청Wee센터	031-639-5638
파주교육지원청Wee센터	070-4918-2422
평택교육지원청Wee센터	031-665-0806
포천교육지원청Wee센터	031-539-0026
화성오산교육지원청Wee센터	031-371-0658
- 인천	
강화교육지원청Wee센터	032-930-7820
남부교육지원청Wee센터	032-764-7179
동부교육지원청Wee센터	032-460-6371
북부교육지원청Wee센터	032-510-5467
서부교육지원청Wee센터	032-555-7179
인천광역시교육청Wee센터	032-432-7179
- 충남	
공주교육지원청Wee센터	041-850-2339
금산교육지원청Wee센터	041-750-8813
논산계룡교육지원청Wee센터	041-730-7146
당진교육지원청Wee센터	041-351-2534
보령교육지원청 Wee센터	041-930-6380
부여교육지원청Wee센터	041-830-8290
서산교육지원청Wee센터	041-660-0347
서천교육지원청Wee센터	041-951-9435
아산교육지원청Wee센터	041-539-2480
예산교육지원청Wee센터	041-330-3671
천안교육지원청Wee센터	041-629-0401
청양교육지원청Wee센터	041-940-4490
태안교육지원청Wee센터	041-670-8252
홍성교육지원청Wee센터	041-630-5553
- 충북	
괴산증평교육지원청Wee센터	043-830-5079
단양교육지원청Wee센터	043-420-6121
보은교육지원청Wee센터	043-540-5556
영동교육지원청Wee센터	043-740-7725

기관명	연락처
옥천교육지원청Wee센터	043－731－5062
음성교육지원청Wee센터	043－872－3351
제천교육지원청Wee센터	043－653－0179
진천교육지원청Wee센터	043－530－5361
청주교육지원청Wee센터	043－270－5853
충주교육지원청Wee센터	043－845－0252
－ 대전	
대전시교육청 Wee센터	042－480－7878
동부교육지원청Wee센터	042－229－1250
서부교육지원청Wee센터	042－530－1004
－ 전남	
강진교육지원청Wee센터	061－430－1533
고흥교육지원청Wee센터	061－830－2074
곡성교육지원청Wee센터	061－362－3994
광양교육지원청Wee센터	061－762－2821
구례교육지원청Wee센터	061－780－6690
나주교육지원청Wee센터	061－337－7179
담양교육지원청Wee센터	061－383－7179
목포교육지원청Wee센터	061－280－6624
무안교육지원청Wee센터	061－450－7025
보성교육지원청Wee센터	061－850－7125
순천교육지원청Wee센터	061－729－7779
신안교육지원청Wee센터	061－240－3690
여수교육지원청Wee센터	061－690－0833
영광교육지원청Wee센터	061－350－6645
영암교육지원청Wee센터	061－470－4135
완도교육지원청Wee센터	061－550－0575
장성교육지원청Wee센터	061－390－6195
장흥교육지원청Wee센터	061－860－1294
진도교육지원청Wee센터	061－540－5115
함평교육지원청Wee센터	061－320－6631
해남교육지원청Wee센터	061－530－1147
화순교육지원청Wee센터	061－370－7196
－ 전북	
고창교육지원청Wee센터	063－560－1616

기관명	연락처
군산교육지원청Wee센터	063－450－2680
김제교육지원청Wee센터	063－540－2551
남원교육지원청Wee센터	063－635－8530
무주교육지원청Wee센터	063－324－3399
부안교육지원청Wee센터	063－580－7448
순창교육지원청Wee센터	063－650－6322
완주교육지원청Wee센터	063－270－7696
익산교육지원청 제1 Wee센터	063－850－8990
익산교육지원청 제2 Wee센터	063－852－4501
임실교육지원청Wee센터	063－640－3571
장수교육지원청Wee센터	063－350－5226
전주교육지원청덕진Wee센터	063－253－9214
전주교육지원청완산Wee센터	063－253－9523
정읍교육지원청Wee센터	063－530－3080
진안교육지원청Wee센터	063－430－6294
－ 광주	
동부교육지원청Wee센터	062－605－5700
서부교육지원청Wee센터	062－600－9816
서부교육지원청광산Wee센터	062－974－0078
－ 경남	
거제교육지원청Wee센터	055－636－9673
거창교육지원청Wee센터	055－940－6191
고성교육지원청Wee센터	055－673－3801
김해교육지원청Wee센터	070－8767－7571
남해교육지원청Wee센터	055－864－3653
밀양교육지원청Wee센터	055－350－1494
사천교육지원청Wee센터	055－830－1544
산청교육지원청Wee센터	055－970－3037
양산교육지원청Wee센터	055－379－3053
의령교육지원청Wee센터	055－570－7131
진주교육지원청Wee센터	055－740－2091
창녕교육지원청Wee센터	055－530－3505
창원교육지원청Wee센터	055－210－0461
통영교육지원청Wee센터	055－650－8025
하동교육지원청Wee센터	055－880－1952

기관명	연락처
함안교육지원청Wee센터	055－580－8048
함양교육지원청Wee센터	055－960－2723
합천교육지원청Wee센터	055－930－7060
－ 경북	
경산교육지원청Wee센터	053－810－7508
경주교육지원청Wee센터	054－743－7142
고령교육지원청Wee센터	054－950－2592
구미교육지원청Wee센터	054－465－6279
군위교육지원청Wee센터	054－380－8240
김천교육지원청Wee센터	054－420－5288
문경교육지원청Wee센터	054－550－5531
봉화교육지원청Wee센터	054－679－1790
상주교육지원청Wee센터	054－531－9940
성주교육지원청Wee센터	054－930－2075
안동교육지원청Wee센터	054－859－9501
영덕교육지원청Wee센터	054－730－8015
영양교육지원청Wee센터	054－680－2281
영주교육지원청Wee센터	054－630－4214
영천교육지원청Wee센터	054－330－2328
예천교육지원청Wee센터	054－650－2552
울릉교육지원청Wee센터	054－790－3032
울진교육지원청Wee센터	054－782－9915
의성교육지원청Wee센터	054－830－1125
청도교육지원청Wee센터	054－370－1122
청송교육지원청Wee센터	054－874－9360
칠곡교육지원청Wee센터	054－979－2129
포항교육지원청Wee센터	054－244－2090
－ 대구	
경북Wee센터	053－326－9279
남부교육지원청Wee센터	053－234－0151
달성교육지원청Wee센터	053－235－0060
대구가톨릭Wee센터	053－654－1388
대동Wee센터	053－746－7380
동부교육지원청Wee센터	053－232－0022
동산Wee센터	053－431－0288

기관명	연락처
서부교육지원청Wee센터	053－233－0023
영남Wee센터	053－217－2323
－ 세종	
세종시교육청 세종아람Wee센터	044－715－7979
세종시교육청Wee센터	044－320－2470
－ 강원	
강릉교육지원청Wee센터	033－640－1280
고성교육지원청Wee센터	033－680－6025
동해교육지원청Wee센터	033－530－3035
삼척교육지원청Wee센터	033－570－5104
속초양양교육지원청Wee센터	033－639－6054
양구교육지원청Wee센터	033－482－8753
영월교육지원청Wee센터	033－370－1133
원주교육지원청Wee센터	033－760－5691
인제교육지원청Wee센터	033－460－1005
정선교육지원청Wee센터	033－562－5877
철원교육지원청Wee센터	033－452－1007
춘천교육지원청Wee센터	033－259－1691
태백교육지원청 Wee센터	033－581－0804
평창교육지원청Wee센터	033－330－1794
홍천교육지원청Wee센터	033－433－9232
화천교육지원청Wee센터	033－441－9924
횡성교육지원청Wee센터	033－340－0382
－ 부산	
남부교육지원청Wee센터	051－640－0205
동래교육지원청Wee센터	051－801－9190
북부교육지원청Wee센터	051－330－1361
서부교육지원청Wee센터	051－244－3266
해운대교육지원청Wee센터	051－709－0483
－ 제주	
서귀포시교육지원청Wee센터	064－730－8181
제주시교육청Wee센터	064－754－1252

기관명	연락처
〈학교밖 청소년 지원센터〉 – 서울	
용산구 청소년지원센터 꿈드림	02–706–1318
중랑구 청소년지원센터 꿈드림	02–490–0222
강북구 청소년지원센터 꿈드림	02–6715–6665, 6667
도봉구 청소년지원센터 꿈드림	02–950–9646
서울특별시 청소년지원센터 꿈드림	02–2285–1318
노원구 청소년지원센터 꿈드림	02–2091–1388
광진구 청소년지원센터 꿈드림	02–2205–2300
성북구 청소년지원센터 꿈드림	02–3292–1780
동대문구 청소년지원센터 꿈드림	02–2237–1318
중구 청소년지원센터 꿈드림	02–2250–0543
성동구 청소년지원센터 꿈드림	02–2299–1388
은평구 청소년지원센터 꿈드림	02–384–1318
서대문구 청소년지원센터 꿈드림	02–3141–1388
마포구 청소년지원센터 꿈드림	02–3153–5900
강서구 청소년지원센터 꿈드림	02–3662–1388
구로구 청소년지원센터 꿈드림	02–863–1318
금천구 청소년지원센터 꿈드림	02–803–1873
영등포구 청소년지원센터 꿈드림	02–2637–1318
동작구 청소년지원센터 꿈드림	02–834–1358
관악구 청소년지원센터 꿈드림	02–877–9400
서초구 청소년지원센터 꿈드림	070–4858–1837~8
강남구 청소년지원센터 꿈드림	02–2226–8555
송파구 청소년지원센터 꿈드림	02–3402–1318
강동구 청소년지원센터 꿈드림	02–6252–1388
양천구 청소년지원센터 꿈드림	02–2645–1318
– 경기	
경기도 청소년지원센터 꿈드림	031–253–1519
고양시 청소년지원센터 꿈드림	031–970–4032
가평군 청소년지원센터 꿈드림	031–582–2000
과천시 청소년지원센터 꿈드림	02–2150–3991
광명시 청소년지원센터 꿈드림	02–6677–1318
광주시 청소년지원센터 꿈드림	031–760–8741
구리시 청소년지원센터 꿈드림	031–565–1388
군포시 청소년지원센터 꿈드림	031–399–1366
김포시 청소년지원센터 꿈드림	031–980–1691~6
남양주시 청소년지원센터 꿈드림	031–590–3951
동두천시 청소년지원센터 꿈드림	031–865–2000
부천시 청소년지원센터 꿈드림	032–325–3002
성남시 청소년지원센터 꿈드림	031–729–9171~6
수원시 청소년지원센터 꿈드림	031–236–1318
시흥시 청소년지원센터 꿈드림	031–318–7100
안산시 청소년지원센터 꿈드림	031–414–1318
안성시 청소년지원센터 꿈드림	070–7458–1311
안양시 청소년지원센터 꿈드림	031–8045–5012
양주시 청소년지원센터 꿈드림	031–8082–4121
양평군 청소년지원센터 꿈드림	031–775–1317
여주시 청소년지원센터 꿈드림	031–882–8889
오산시 청소년지원센터 꿈드림	031–372–4004
용인시 청소년지원센터 꿈드림	031–328–9840
의왕시 청소년지원센터 꿈드림	031–459–1334
의정부시 청소년지원센터 꿈드림	031–828–9571
이천시 청소년지원센터 꿈드림	031–634–2777
파주시 청소년지원센터 꿈드림	031–946–0022
평택시 청소년지원센터 꿈드림	031–692–1306~8
포천시 청소년지원센터 꿈드림	031–538–3398
하남시 청소년지원센터 꿈드림	031–790–6304~5
화성시 청소년지원센터 꿈드림	031–278–0179
– 인천	
인천광역시 청소년지원센터 꿈드림	032–721–2300
계양구 청소년지원센터 꿈드림	032–547–0853

기관명	연락처
미추홀구 청소년지원센터 꿈드림	032-868-9846~7
남동구 청소년지원센터 꿈드림	032-453-5877~8
동구 청소년지원센터 꿈드림	032-777-1383
연수구 청소년지원센터 꿈드림	032-822-9840~1
중구 청소년지원센터 꿈드림	032-765-1009
서구 청소년지원센터 꿈드림	032-584-1387
부평구 청소년지원센터 꿈드림	032-509-8916
- 충청북도	
충청북도 청소년지원센터 꿈드림	043-257-0105~6
청주시 청소년지원센터 꿈드림	043-223-0753
서청주 청소년지원센터 꿈드림	043-264-8807~8
충주시 청소년지원센터 꿈드림	043-842-2007
제천시 청소년지원센터 꿈드림	043-642-7949
괴산군 청소년지원센터 꿈드림	043-830-3828
단양군 청소년지원센터 꿈드림	043-421-8370
보은군 청소년지원센터 꿈드림	043-542-1388
영동군 청소년지원센터 꿈드림	043-744-5700
옥천군 청소년지원센터 꿈드림	043-731-1388
음성군 청소년지원센터 꿈드림	043-872-9024
증평군 청소년지원센터 꿈드림	043-835-4193
진천군 청소년지원센터 꿈드림	043-536-3430
- 충청남도	
충청남도 청소년지원센터 꿈드림	041-554-1380
천안시 청소년지원센터 꿈드림	041-523-1318
공주시 청소년지원센터 꿈드림	041-854-7942
보령시 청소년지원센터 꿈드림	041-935-1388
아산시 청소년지원센터 꿈드림	041-544-1388
서산시 청소년지원센터 꿈드림	041-669-2000
논산시 청소년지원센터 꿈드림	041-736-2041
계룡시 청소년지원센터 꿈드림	042-841-0343
당진시 청소년지원센터 꿈드림	041-360-6961

기관명	연락처
금산군 청소년지원센터 꿈드림	041-751-1383
서천군 청소년지원센터 꿈드림	041-953-4040
청양군 청소년지원센터 꿈드림	041-942-1387
홍성군 청소년지원센터 꿈드림	041-642-1388
예산군 청소년지원센터 꿈드림	041-335-1388
태안군 청소년지원센터 꿈드림	041-674-2800
- 대전	
대전광역시 청소년지원센터 꿈드림	042-222-1388
서구 청소년지원센터 꿈드림	042-527-1388
유성구 청소년지원센터 꿈드림	042-826-1388
- 세종	
세종특별시 청소년지원센터 꿈드림	044-868-1318
- 전라북도	
전라북도 청소년지원센터 꿈드림	063-273-1388
김제시 청소년지원센터 꿈드림	063-545-0112
정읍시 청소년지원센터 꿈드림	063-531-3000
전주시 청소년지원센터 꿈드림	063-227-1005
무주군 청소년지원센터 꿈드림	063-324-6688
완주군 청소년지원센터 꿈드림	063-291-3303
익산시 청소년지원센터 꿈드림	063-852-1388
군산시 청소년지원센터 꿈드림	063-468-2870
순창군 청소년지원센터 꿈드림	063-652-1388
남원시 청소년지원센터 꿈드림	063-633-1977
- 전라남도	
나주시 청소년지원센터 꿈드림	061-335-1388
전라남도 청소년지원센터 꿈드림	061-242-7474
목포시 청소년지원센터 꿈드림	061-284-0924
여수시 청소년지원센터 꿈드림	070-8824-1318
순천시 청소년지원센터 꿈드림	061-749-4236
광양시 청소년지원센터 꿈드림	061-795-7008
담양군 청소년지원센터 꿈드림	061-381-1382
곡성군 청소년지원센터 꿈드림	061-363-9586
보성군 청소년지원센터 꿈드림	061-853-1381

기관명	연락처
강진군 청소년지원센터 꿈드림	061-432-1388
해남군 청소년지원센터 꿈드림	061-537-1318
무안군 청소년지원센터 꿈드림	061-454-5285
함평군 청소년지원센터 꿈드림	061-323-9995
영광군 청소년지원센터 꿈드림	061-353-6188
장성군 청소년지원센터 꿈드림	061-393-1387
신안군 청소년지원센터 꿈드림	061-240-8703
- 광주	
광주광역시 청소년지원센터 꿈드림	062-376-1324
동구 청소년지원센터 꿈드림	062-673-1318
서구 청소년지원센터 꿈드림	062-710-1388
남구 청소년지원센터 꿈드림	062-716-1324
북구 청소년지원센터 꿈드림	062-268-1318
광산구 청소년지원센터 꿈드림	062-951-1378
- 경상북도	
칠곡군 청소년지원센터 꿈드림	054-971-0425
고령군 청소년지원센터 꿈드림	054-956-1320
봉화군 청소년지원센터 꿈드림	054-674-1318
경상북도 청소년지원센터 꿈드림	054-850-1003
포항시 청소년지원센터 꿈드림	054-240-9171
경주시 청소년지원센터 꿈드림	054-760-7744~5
김천시 청소년지원센터 꿈드림	054-431-2009
안동시 청소년지원센터 꿈드림	054-841-7937
구미시 청소년지원센터 꿈드림	054-472-2000, 1388
영주시 청소년지원센터 꿈드림	054-639-5865
영천시 청소년지원센터 꿈드림	054-338-2000
상주시 청소년지원센터 꿈드림	054-537-6723~4
문경시 청소년지원센터 꿈드림	054-550-6600
경산시 청소년지원센터 꿈드림	053-815-4106
울진군 청소년지원센터 꿈드림	054-789-5436

기관명	연락처
- 경상남도	
창녕군 청소년지원센터 꿈드림	055-532-2000
창원시 마산 청소년지원센터 꿈드림	055-225-7293
경상남도 청소년지원센터 꿈드림	055-711-1336
창원시 청소년지원센터 꿈드림	055-225-3893~4
진주시 청소년지원센터 꿈드림	055-744-8484
통영시 청소년지원센터 꿈드림	055-644-2000
사천시 청소년지원센터 꿈드림	055-832-7942
김해시 청소년지원센터 꿈드림	055-324-9190
밀양시 청소년지원센터 꿈드림	055-352-0924
거제시 청소년지원센터 꿈드림	055-639-4980
양산시 청소년지원센터 꿈드림(본소)	055-372-2000
양산시 청소년지원센터 꿈드림(음상분소)	055-367-1318
의령군 청소년지원센터 꿈드림	055-573-1388
함안군 청소년지원센터 꿈드림	055-583-0921
고성군 청소년지원센터 꿈드림	055-670-2921
남해군 청소년지원센터 꿈드림	055-864-7962
하동군 청소년지원센터 꿈드림	055-884-3001
산청군 청소년지원센터 꿈드림	055-970-6591
함양군 청소년지원센터 꿈드림	055-963-7922
거창군 청소년지원센터 꿈드림	055-940-3969
합천군 청소년지원센터 꿈드림	055-930-3911
- 대구	
대구광역시 청소년지원센터 꿈드림	053-431-1388~7
중구 청소년지원센터 꿈드림	053-422-2121
동구 청소년지원센터 꿈드림	053-963-9400
서구 청소년지원센터 꿈드림	053-216-8310
남구 청소년지원센터 꿈드림	053-652-5656
북구 청소년지원센터 꿈드림	053-384-6985
수성구 청소년지원센터 꿈드림	053-666-4205~6

기관명	연락처
달서구 청소년지원센터 꿈드림	053－592－1378
달성군 청소년지원센터 꿈드림	053－617－1388
－ 강원도	
속초시 청소년지원센터 꿈드림	033－635－0924
강원도 청소년지원센터 꿈드림	033－257－9805
강릉시 청소년지원센터 꿈드림	033－655－1388
동해시 청소년지원센터 꿈드림	033－535－1038
영월군 청소년지원센터 꿈드림	033－375－1318
원주시 청소년지원센터 꿈드림	033－813－1318, 1319
정선군 청소년지원센터 꿈드림	033－591－1311
철원군 청소년지원센터 꿈드림	033－450－5388
홍천군 청소년지원센터 꿈드림	033－432－1386
춘천시청소년지원센터 꿈드림	033－818－1318
－ 울산	
울산광역시 청소년지원센터 꿈드림	052－227－2000
남구 청소년지원센터 꿈드림	052－291－1388
동구 청소년지원센터 꿈드림	052－232－5900
울주군 청소년지원센터 꿈드림	052－229－9634~5
북구 청소년지원센터 꿈드림	052－283－1388
－ 부산	
부산광역시 청소년지원센터 꿈드림	051－304－1318
강서구 청소년지원센터 꿈드림	051－972－4595
금정구 청소년지원센터 꿈드림	051－714－2079
기장군 청소년지원센터 꿈드림	051－792－4926~7
남구 청소년지원센터 꿈드림	051－621－4831
동래구 청소년지원센터 꿈드림	051－558－8833
부산진구 청소년지원센터 꿈드림	051－868－0950
북구 청소년지원센터 꿈드림	051－334－3003
사상구 청소년지원센터 꿈드림	051－316－2214
사하구 청소년지원센터 꿈드림	051－207－7179
서구 청소년지원센터 꿈드림	051－714－0701

기관명	연락처
수영구 청소년지원센터 꿈드림	051－759－8422
연제구 청소년지원센터 꿈드림	051－507－7658
영도구 청소년지원센터 꿈드림	051－405－5224
해운대구 청소년지원센터 꿈드림	051－715－1377~9
－ 제주	
제주특별자치도 청소년지원센터 꿈드림	064－759－9951
제주시 청소년지원센터 꿈드림	064－725－7999
서귀포시 청소년지원센터 꿈드림	064－763－9191

노인 관련 기관

기관명	연락처
〈노인보호전문기관〉	
중앙	02－3667－1389
서울남부	02－3472－1389
서울북부	02－921－1389
경기남부	031－736－1389
경기서부	032－683－1389
경기북부	031－821－1461
인천	032－426－8792~4
충북	043－259－8120~2
충북북부	043－846－1380~2
충남	041－534－1389
충남남부	041－734－1388,1389
대구남부	053－472－1389
대구북부	053－357－1389
전북	063－273－1389
전북서부	063－443－1389
전남	061－753－1389
전남서부	061－281－2391
광주	062－655－4155~7
경북	054－248－1389
경북서북부	054－655－1389,1390
경북서남부	054－436－1390
경남	055－222－1389
경남서부	055－754－1389
대전	042－472－1389
강원도	033－253－1389
강원동부	033－655－1389
강원남부	033－744－1389
울산	052－265－1380,1389
부산동부	051－468－8850
부산서부	051－867－9119
제주	064－757－3400
제주서귀포시	064－763－1999
한국노인의전화	062－351－5070

건강가정 · 다문화가족지원센터

기관명	연락처
〈건강가정 · 다문화가족지원센터〉 – 서울	
강남구	02 – 3412 – 2222
강동구	02 – 471 – 0812, 02 – 473 – 4986
강북구	02 – 987 – 2567
강서구	02 – 2606 – 2017
관악구	02 – 883 – 9383, 02 – 883 – 9390
관악구 (2센터)	
광진구	02 – 458 – 0622
구로구	02 – 830 – 0450
금천구	02 – 803 – 7747
노원구	02 – 979 – 3501
도봉구	02 – 995 – 6800
동대문구	02 – 957 – 0760
동작구	02 – 599 – 3301, 02 – 599 – 3260
마포구	02 – 3142 – 5482, 02 – 3142 – 5027
서대문구	02 – 322 – 7595
서울시	02 – 318 – 0227
서초구	02 – 576 – 2852
서초구 (2센터)	
성동구	02 – 3395 – 9447
성북구	02 – 3290 – 1660, 02 – 922 – 3304
송파구	02 – 443 – 3844
양천구	02 – 2065 – 3400
영등포구	02 – 2678 – 2193
용산구	02 – 797 – 9184
은평구	02 – 376 – 3761
종로구	02 – 764 – 3524
중구	02 – 2279 – 3891
중랑구	02 – 435 – 4142
– 경기	
가평군	070 – 7510 – 5871

기관명	연락처
경기도	031 – 8008 – 8008
고양시	031 – 969 – 4041
과천시	02 – 503 – 0070
광명시	02 – 2615 – 0453
광주시	031 – 798 – 7137
구리시	031 – 556 – 3874
군포시	031 – 392 – 1811
김포시	031 – 996 – 5920
남양주시	031 – 556 – 8212
동두천시	031 – 863 – 3801, 031 – 863 – 3802
부천시	032 – 326 – 4212
성남시	031 – 755 – 9327
수원시	031–245–1310,1
시흥시	031 – 317 – 4522, 031 – 317 – 4524
안산시	031 – 501 – 0033
안성시	031 – 677 – 9336, 031 – 677 – 7191
안양시	031 – 8045 – 5572
양주시	031 – 858 – 5681
양평군	031 – 775 – 5957
여주시	031 – 886 – 0321
연천군	031 – 835 – 0093
오산시	031 – 378 – 9766, 031 – 372 – 1335
용인시	031 – 323 – 7131
의왕시	031 – 429 – 8931
의정부시	031 – 878 – 7117, 031 – 878 – 7880
이천시	031 – 637 – 5525
파주시	031 – 949 – 9161
평택시	031 – 615 – 3952
포천시	1577 – 9337, 031 – 532 – 2062
하남시	031 – 790 – 2966
화성시	031 – 267 – 8787
– 인천	
강화군	032 – 932 – 1005, 032 – 933 – 0980

기관명	연락처
계양구	032－547－1017
남동구	032－467－3904
미추홀구	032－875－2993
부평구	032－508－0121
연수구	032－851－2730
인천동구	032－760－4904
인천서구	032－569－1560
인천중구	032－763－9337
－ 충청북도	
괴산군	043－832－1078
음성군	043－873－8731
제천시	043－645－1995
증평군	043－835－3572
진천군	043－537－5435
청주시	043－263－1817
충주시	043－857－5960
－ 충청남도	
공주시	041－853－0881
금산군	041－750－3990
논산시	041－733－7800
당진시	041－360－3200
보령시	041－934－3133
서산시	041－664－2710
서천군	041－953－3808
아산시	041－548－9772
예산군	041－332－1366
천안시	070－7733－8300
태안군	041－670－2523, 041－670－2396
홍성군	041－631－9337
－ 대전	
대전서구	042－520－5928
대전시	042－252－9989, 042－932－9995
－ 세종	
세종시	044－862－9336
－ 전라북도	

기관명	연락처
군산시	063－443－5300
남원시	063－631－6700
무주군	063－322－1130
완주군	063－261－1033
익산시	063－838－6046
전주시	063－231－0182
정읍시	063－535－1283
－ 전라남도	
강진군	061－433－9004
곡성군	061－362－5411
광양시	061－797－6800
구례군	061－781－8003
나주시	061－331－0709
목포시	061－247－2311
보성군	061－852－2664
순천시	061－750－5353
여수시	061－659－4167
영광군	061－353－8880
영암군	061－463－2929
완도군	061－555－4100
장성군	061－393－5420
장흥군	061－864－4813
함평군	061－324－5431
해남군	061－534－0215, 061－534－0017
화순군	061－375－1057
－ 광주	
광산구	062－959－9337
광주남구	062－351－9337
광주동구	062－234－5790
광주북구	062－430－2963
광주서구	062－369－0072
－ 경상북도	
경산시	053－816－4071
구미시	054－443－0541
김천시	054－431－7740

기관명	연락처
상주시	054－531－3543
안동시	054－823－6008
영덕군	054－730－7373
영주시	054－634－5431
울릉군	054－791－0205
의성군	054－832－5440
청도군	054－373－8131
칠곡군	054－975－0833
포항시	054－244－9702
－ 경상남도	
경상남도	055－716－2363
김해시	055－329－6355
밀양시	055－351－4404~4407
사천시	055－832－0345
산청군	055－972－1018
양산시	055－382－0988
의령군	055－573－8400
진주시	055－749－5445
창녕군	055－533－1305
창원시	055－225－3951
창원시마산	055－244－8745
통영시	055－640－7741, 7742
하동군	055－880－6520
함양군	055－963－2057
－ 대구	
달서구	053－593－1511
달성군	053－636－7390
대구남구	053－471－2326, 053－475－2324
대구동구	053－961－2202
대구북구	053－327－2994, 053－327－2994
대구서구	053－355－8042, 053－341－8312
대구중구	053－431－1230
수성구	053－795－4300
－ 강원	
강릉시	033－648－3019

기관명	연락처
고성군	033－681－9333
동해시	033－535－8377, 033－535－8378
삼척시	033－576－0761
속초시	033－637－2680
양구군	033－481－8664
양양군	033－670－2943
영월군	033－375－8400
원주시	033－764－8612
인제군	033－462－3651
정선군	033－562－3458 033－563－3458
철원군	033－452－7800
춘천시	033－251－8014
태백시	033－554－4003
평창군	033－332－2063 033－332－2064
홍천군	033－433－1915
화천군	033－442－2342
횡성군	033－344－3458~9
－ 울산	
울산남구	052－274－3136
울산동구	052－232－3351
울산북구	052－286－0025
울산중구	052－248－1103
울주군	052－229－9600
－ 부산	
금정구	051－513－2131
부산동래구	051－506－5765
부산시	051－330－3406
부산진구	051－802－2900
사상구	051－328－0042
사하구	051－203－4588
수영구	051－758－3073
연제구	051－851－5002
영도구	051－414－9605

기관명	연락처
해운대구	051-782-7002
- 제주	
서귀포시	064-760-6488
제주시	064-725-8005, 064-725-8015

알코올 · 중독 관련 기관

기관명	연락처
한국마약퇴치운동본부(중앙본부)	02－2677－2245
한국도박문제관리센터	1336
한국마약퇴치운동본부(중독재활센터)	02－2679－0436~7
〈알코올 전문 병원〉	
다사랑중앙병원	1544－2838, 031－340－5040, 5009
진병원	1577－1581
카프병원	031－810－9200
예사랑병원	1566－1308, 043－298－7337
주사랑병원	043－286－0692
한사랑병원	055－722－7000, 7004(상담)
다사랑병원	062－380－3800
〈중독관리 통합지원센터〉 － 서울	
강북구중독관리통합지원센터	02－989－9223
구로중독관리통합지원센터	02－2679－9353
노원구중독관리통합지원센터	02－2116－3677
도봉중독관리통합지원센터	02－6082－6793
－ 경기도	
성남시중독관리통합지원센터	031－751－2768
수원시중독관리통합지원센터	031－256－9478
안산시중독관리통합지원센터	031－411－8445
안양시중독관리통합지원센터	031－464－0175
파주시중독관리통합지원센터	031－948－8004
화성시중독관리통합지원센터(정남분소)	031－354－6614
화성시중독관리통합지원센터(동탄분소)	
의정부시중독관리통합지원센터	031－829－5001

기관명	연락처
－ 인천	
계양구중독관리통합지원센터	032－555－8765
부평구중독관리통합지원센터	032－507－3404
인천동구중독관리통합지원센터	032－764－1183
연수구중독관리통합지원센터	032－236－9477
인천남동구중독관리통합지원센터	032－468－6412
－ 충청북도	
청주시중독관리통합지원센터	043－272－0067
－ 충청남도	
아산시중독관리통합지원센터	041－537－3332
천안시중독관리통합지원센터	041－577－8097
－ 대전	
대덕구중독관리통합지원센터	042－635－8275
대전서구중독관리통합지원센터	042－527－9125
대전동구중독관리통합지원센터	042－286－8275
－ 전라북도	
군산시중독관리통합지원센터	063－464－0061
전주시중독관리통합지원센터	063－223－4567
－ 전라남도	
목포시중독관리통합지원센터	061－284－9694
여수시중독관리통합지원센터	061－659－4255
－ 광주	
광주서구중독관리센터	062－654－3802
광주북구중독관리센터	062－526－3370
광주동구중독관리센터	062－222－5666
광주남구중독관리통합지원센터	062－412－1461
광주광산구중독관리센터	062－714－1233
－ 경상북도	
구미중독관리통합지원센터	054－474－9791

기관명	연락처
포항중독관리통합지원센터	054－270－4148
－ 경상남도	
김해중독관리통합지원센터	055－314－0317
마산중독관리통합지원센터	055－247－6994
진주중독관리통합지원센터	055－758－7801
창원중독관리통합지원센터	055－261－5011
－ 대구	
대구동부중독관리통합지원센터	053－957－8817
대구서부중독관리통합지원센터	053－638－8778
－ 강원도	
강릉시중독관리통합지원센터	033－653－9667~8
원주시중독관리통합지원센터	033－748－5119
춘천시중독관리통합지원센터	033－ 255－3482
－ 울산	
울산남구중독관리통합지원센터	052－275－1117
울산중구중독관리통합지원센터	052－245－9007
－ 부산	
부산중독관리통합지원센터	051－ 246－7574
부산북구중독관리통합지원센터	051－362－5482
사상구중독관리통합지원센터	051－988－1191
해운대중독관리통합지원센터	051－545－1172
－ 제주도	
제주중독관리통합지원센터	064－759－0911
제주서귀포중독관리통합지원센터	064－760－6037

범죄 피해 관련 기관

기관	연락처
법무부 인권구조과	02–2110–3263
대검 피해자인권과	02–3480–2303~5
검찰청(피해자지원실)	1577–2584
범죄피해자지원센터	1577–1295
스마일센터	02–472–1295
대한법률구조공단	132
한국가정법률상담소	1644–7077
법률홈닥터	02–2110–4253
경찰청(피해자지원경찰관)	182
경찰청(피해자보호 담당관실)	02–3150–2335
〈해바라기센터〉 – 서울	
서울북부해바라기센터(통합)	02–3390–4145
서울남부해바라기센터(통합)	02–870–1700
서울동부해바라기센터	02–3400–1700
서울해바라기센터(통합)	02–3672–0365
서울중부해바라기센터(통합)	02–2266–8276
서울해바라기센터(아동)	02–3274–1375
– 경기도	
경기북서부해바라기센터(통합)	031–816–1375
경기서부해바라기센터	031–364–8117
경기북동부해바라기센터	031–874–3117
경기해바라기센터(아동)	031–708–1375
– 인천	
인천해바라기센터(아동)	032–423–1375
인천동부해바라기센터	032–582–1170
인천북부해바라기센터	032–280–5678
– 충청북도	
충북해바라기센터	043–272–7117
충북해바라기센터(아동)	043–857–1375
– 충청남도	
충남해바라기센터	041–567–7117

기관	연락처
– 대전	
대전해바라기센터(통합)	042–280–8436
– 전라북도	
전북서부해바라기센터	063–859–1375
전북해바라기센터	063–278–0117
전북해바라기센터(아동)	063–246–1375
– 전라남도	
전남서부해바라기센터(통합)	061–285–1375
전남동부해바라기센터	061–727–0117
– 광주	
광주해바라기센터	062–225–3117
광주해바라기센터(아동)	062–232–1375
– 경상북도	
경북서부해바라기센터	054–439–9600
경북북부해바라기센터	054–843–1117
경북동부해바라기센터(통합)	054–278–1375
– 경상남도	
경남해바라기센터	055–245–8117
경남해바라기센터(아동)	055–754–1375
– 대구	
대구해바라기센터	053–556–8117
대구해바라기센터(아동)	053–421–1375
– 강원도	
강원동부해바라기센터(통합)	033–652–9840
강원서부해바라기센터(통합)	033–252–1375
– 울산	
울산해바라기센터(통합)	052–265–1375
– 부산	
부산해바라기센터(통합)	051–244–1375
부산동부해바라기센터	051–501–9117
– 제주	
제주해바라기센터(통합)	064–749–5117

기관	연락처
〈스마일센터〉	
스마일센터총괄지원단	02－333－1295
서울동부스마일센터	02－473－1295
서울서부스마일센터	02－332－1295
부산스마일센터	051－582－1295
인천스마일센터	032－433－1295
광주스마일센터	062－417－1295
대구스마일센터	053－745－1295
대전스마일센터	042－526－1295
춘천스마일센터	033－255－1295
전주스마일센터	063－246－1295
수원스마일센터	031－235－1295
의정부스마일센터	031－841－1295
〈범죄피해자지원센터〉	
한국범죄피해자지원중앙센터 (강남구, 관악구, 동작구, 서초구, 종로구, 중구)	02－534－4901, 1577－1295(전국)
서울동부범죄피해자지원센터 (강동구, 광진구, 성동구, 송파구)	02－455－4954, 5005
서울남부범죄피해자지원센터 (강서구, 구로구, 금천구, 양천구, 영등포구)	02－2645－1301, 02－2644－1302
서울서부범죄피해자지원센터 (마포구, 서대문구, 용산구, 은평구)	02－3270－4504, 4505
서울북부범죄피해자지원센터 (강북구, 노원구, 도봉구, 동대문구, 성북구, 중랑구)	02－3399－4776
경기북부범죄피해자지원센터 (의정부시, 남양주시, 구리시, 동두천시, 양주시, 포천시, 연천군, 가평군, 철원군)	031－820－4678, 031－873－4678
고양 · 파주지역범죄피해자지원센터 (고양시, 파주시)	031－932－8291
부천 · 김포범죄피해자지원센터 (부천시, 김포시)	032－329－2580, 032－320－4671~2
수원지역범죄피해자지원센터 (수원시, 용인시, 오산시, 화성시)	031－210－4761, 031－211－0266
성남 · 광주 · 하남범죄피해자지원센터 (성남시, 광주시, 하남시)	031－715－0090, 031－736－1090
여주 · 이천 · 양평범죄피해자지원센터 (이천시, 여주시, 양평군)	031－885－1188, 031－880－4510
평택 · 안성 범죄피해자지원센터 (평택시, 안성시)	031－656－2828, 031－657－2828
안산 · 시흥 · 광명범죄피해자지원센터 (안산시, 시흥시, 광명시)	031－475－3310
안양지역범죄피해자지원센터 (안양시, 과천시, 군포시, 의왕시)	031－387－0050
인천범죄피해자지원센터 (강화군, 계양구, 남구, 동구, 부평구, 서구, 연수구, 옹진군, 중구)	032－868－4999
춘천지역범죄피해자지원센터 (춘천시, 인제군, 홍천군, 화천군, 양구군)	033－244－0335, 033－240－4505
강릉지역범죄피해자지원센터 (강릉시, 동해시, 삼척시)	033－641－4163, 033－660－4520
원주 · 횡성 범죄피해자지원센터 (원주시, 횡성군)	033－742－3100, 033－769－4618
속초지역범죄피해자지원센터 (속초시, 고성군, 양양군)	033－638－1111
영월지역범죄피해자지원센터 (태백시, 영월군, 평창군, 정선군)	033－375－9119
대전범죄피해자지원센터	042－472－0082,

기관	연락처
(대덕구,유성구,동구,서구,중구,세종특별자치시,금산군)	0282
홍성지역범죄피해자지원센터 (보령시,서천군,예산군,홍성군)	041-631-4915, 041-631-4911
공주·청양범죄피해자지원센터 (공주시,청양군)	041-856-2828, 041-840-4559
논산·부여·계룡범죄피해자지원센터 (논산시,계룡시,부여군)	041-745-2030
서산지역범죄피해자지원센터 (서산시,당진시,태안군)	041-660-4377, 041-667-7731
천안·아산범죄피해자지원센터 (아산시,천안시)	041-533-6090
청주범죄피해자지원센터 (청주시,청원군,보은군,괴산군,진천군,증평군)	043-288-0141, 043-299-4678
충주·음성 범죄피해자지원센터 (충주시,음성군)	043-856-2526, 043-841-4699
제천·단양 범죄피해자지원센터 (제천시,단양군)	043-643-1295, 043-648-1295
영동·옥천 범죄피해자지원센터 (영동군,옥천군)	043-742-3800, 043-740-4579
대구·경북 범죄피해자지원센터 (수성구,북구,중구,남구,동구,경산시,영천시,청도군,칠곡군)	053-752-4444, 053-740-4440
대구서부범죄피해자지원센터 (달서구,달성군,서구,성주군,고령군)	053-573-7400, 053-573-7401
경북북부범죄피해자지원센터 (안동시,영주시,봉화군)	054-854-7600, 054-852-7200
경주범죄피해자지원센터(경	054-777-1295

기관	연락처
주시)	
포항범죄피해자지원센터 (포항시)	054-276-8112
김천지역범죄피해자지원센터	054-430-9091
구미지역범죄피해자지원센터	054-462-9090
상주·문경·예천범죄피해자지원센터 (상주시,문경시,예천군)	054-533-6047
의성·군위·청송범죄피해자지원센터 (의성군,군위군,청송군)	054-834-2820, 054-830-4548
영덕·울진·영양범죄피해자지원센터 (영덕군 울진군,영양군)	054-733-9495, 054-730-4979
부산범죄피해자지원센터 햇살 (금정구,동래구,연제구,부산진구,동구,영도구,중구)	051-558-8893~4
부산동부범죄피해자지원센터광명 (남구,수영구,해운대구,기장군)	051-781-1144, 051-780-4686
부산서부범죄피해자지원센터 (사상구,사하구,북구,강서구,서구)	051-205-4497
울산범죄피해자지원센터 (남구,동구,북구,울주군,중구, 양산시)	052-265-9004
경남범죄피해자지원센터 (창원시(성산구, 의창구, 진해구),김해시)	055-239-4579, 055-286-8286
진주지역범죄피해자지원센터 '등불' (진주시,사천시,남해군,하동군,산청군)	055-748-1301
통영·거제·고성범죄피해자지원센터 (거제시,통영시,고성군)	055-648-6200
밀양·창녕 범죄피해자지원	055-356-8272

기관	연락처
센터 (밀양시,창녕군)	
거창 · 합천 · 함양범죄피해자지원센터 (거창군,합천군,함양군)	055－945－2325
마산 · 함안 · 의령범죄피해자지원센터 (창원시마산합포구,함안군,창원시마산회원구,의령군)	055－242－6688
광주전남범죄피해자지원센터 (광산구,북구,서구,남구,동구,곡성군,담양군,장성군,영광군,화순군,나주시)	062－225－4752
〈(사)한국피해자지원협회〉	
(사)한국피해자지원협회 서울서부	02－351－9926
(사)한국피해자지원협회 서울남부	02－782－1002
(사)한국피해자지원협회 서울북부	02－908－0977
(사)한국피해자지원협회 경기동부	031－711－9278
(사)한국피해자지원협회 경기남부	031－211－7676
(사)한국피해자지원협회 경기북부	031－967－3238
(사)한국피해자지원협회 경기북서	031－902－6480
(사)한국피해자지원협회 인천	032－503－7179
(사)한국피해자지원협회 충북	043－224－9517
(사)한국피해자지원협회 충남	041－572－7004
(사)한국피해자지원협회 전남	061－284－0075
(사)한국피해자지원협회 전북	063－907－1112, 063－907－111

기관	연락처
(사)한국피해자지원협회 대전	042－628－9517
(사)한국피해자지원협회 강원	033－251－8840
(사)한국피해자지원협회 대구경북	053－421－8117
(사)한국피해자지원협회 경남울산	055－337－1525
(사)한국피해자지원협회 부산	051－999－7612

성폭력 관련 기관

기관명	연락처
〈전국 성폭력 상담소〉 – 서울	
한국성폭력상담소	02–338–5801
한국성폭력위기센터	02–883–9284~5
장애여성성폭력상담소	02–3013–1367
한사회장애인성폭력상담소	02–2658–1366
이레성폭력상담소	02–3281–1366
벧엘케어상담소	02–896–0401,08
가족과성건강아동청소년상담소	070–8128–1366
천주교성폭력상담소	02–825–1273
한국성폭력상담소	02–338–2890
한국여성민우회 성폭력상담소	02–739–8858
탁틴내일청소년성폭력상담소	02–338–8043
서울여성장애인성폭력상담소	02–3675–4465~6
한국여성의전화 성폭력상담소	02–3156–5400
꿈누리 여성장애인 상담소	02–902–3356
– 경기도	
(사)씨알여성회부설 성폭력상담소	031–797–7031
군포여성민우회성폭력상담소	031–397–8149
남양주가정과성상담소	031–558–1366
동두천성폭력상담소	031–861–5555
부천여성의전화부설 성폭력상담	032–328–9713
부천청소년성폭력상담소	031–655–1366
(사)경원사회복지회부설 여성장애인성폭력상담소	031–755–2526
(사)성남여성의전화부설 성폭력상담소	031–751–2050
안산YWCA 여성과 성 상담소	031–413–9414
안양여성의전화부설 성폭력상담소	031–442–5385
연천 행복뜰상담소	031–832–1315
용인성폭력상담소	031–281–1366
의왕장애인성폭력상담센터	031–462–1366
의정부장애인성폭력상담소	031–840–9204
파주성폭력상담소'함께'	031–946–2096
평택성폭력상담소	031–658–6614
포천가족성상담센터	031–542–3171
하남YWCA부설 성폭력상담소	031–796–1274
– 인천	
인구보건복지협회 인천성폭력상담소	032–451–4094
(사)인천장애인지적협회 장애인성폭력상담소	032–424–1366
오내친구장애인성폭력상담소(장애인)	032–506–5479
– 충청북도	
제천성폭력상담소	043–652–0049
청주여성의전화 청주성폭력상담소	043–252–0966
청주여성장애인성폭력상담소	043–224–9414
인구보건복지협회부설 청주성폭력상담소	043–264–1366
충주성폭력상담소	043–845–1366
– 충청남도	
뎀나무상담지원센터	041–852–1950
장애인성폭력아산상담소(장애인)	041–541–1514
아산가정성상담지원센터	041–546–9181
천안여성의전화부설 성폭력상담소	041–561–0303
(사)충남성폭력상담소	041–564–0026
천안장애인성폭력상담소	041–592–6500
태안군성인권상담센터	041–675–9536
홍성성가정폭력통합상담소	041–634–9949
– 대전	
동대전장애인성폭력상담소	042–637–1366
대전여성장애인성폭력상담소	042–223–8866

기관명	연락처
대전YWCA 성폭력상담소	042-254-3038
대전성폭력상담소	042-712-1367
- 전라북도	
군산성폭력상담소	063-442-1570
(사)성폭력예방치료센터 김제지부 성폭력상담소	063-546-8366
익산성폭력상담소	063-834-1366
새벽이슬장애인성폭력상담소	063-223-3015
(사)성폭력예방치료센터부설 성폭력상담소	063-236-0152
(사)성폭력예방치료센터 정읍지부 성폭력상담소	063-531-1366
- 광주	
인구보건복지협회 광주성폭력상담소	062-673-1366
광주여성장애인성폭력상담소	062-654-1366
광주여성민우회 성폭력상담소	062-521-1361
- 경상북도	
새경산성폭력상담소	053-814-1318
경산로뎀성폭력상담소	053-853-5276
경주다움성폭력상담센터	054-777-1366
구미여성종합상담소(통합)	054-463-1386
영남여성장애인성폭력상담소	054-443-1365
문경열린종합상담소(통합)	054-555-8207
필그림가정복지상담소(통합)	054-534-9996
경북여성장애인성폭력상담소	054-843-1366
(사)칠곡종합상담센터(통합)	054-973-8290
(사)한마음부설 한마음상담소	054-278-4330
- 대구	
(사)대구여성의전화부설 성폭력상담소	053-471-6484
인구보건복지협회 대구경북지회 성폭력상담소	053-566-1900
- 강원도	
동해가정폭력·성폭력상담소	033-535-4943
(사)속초여성인권센터 속초성폭력상담소	033-637-1988
영월성폭력상담소	033-375-1366
아라리가족성상담소	033-563-8666
- 울산	
울산장애인인권복지협회부설 울산장애인성폭력상담센터	052-246-1368
울산성폭력상담소	052-245-1366
- 부산	
기장열린성가정상담소	051-531-1366
부산장애인연대부설 성폭력상담소	051-583-7735
인구보건복지협회 성폭력상담소	051-624-5584
다함께 성·가정상담센터	051-357-1377
〈전국 가정폭력상담소〉 - 서울	
강서양천가정폭력상담소	02-2605-8455
월계우리가족상담소	02-904-0179
동산가정폭력상담소	02-599-7646
(사)한국여성상담센터	02-953-1704
잠실가정폭력상담소	02-2202-7806
남성의전화부설 서울가정폭력상담센터	02-2653-1366
은평가정폭력상담소	02-326-1366
한국가정법률상담소 중구지부 부설 가정폭력상담소	02-2238-6551
- 경기도	
고양YWCA가족사랑상담소	031-919-4040
광명여성의전화 부설 가정폭력상담소	02-2060-0245
(사)가화가족상담센터	031-551-9976
(사)김포여성의전화부설 가정폭력상담소	031-986-0136
부천가정폭력상담소	032-667-2314
사단법인 수원여성의전화 부설 성·가정폭력통합상담소	031-232-7795

기관명	연락처
시흥여성의전화부설 가정폭력상담소	031－496－9391
경기가정폭력상담소	031－419－1366
안양YWCA가정폭력상담소	031－427－1366
양주가정폭력상담소	031－8647546
양평가정상담소	031－775－4983
행가래로 의왕가정,성상담소	031－459－1311
경기북부가정문제상담소	031－876－7544
이천가정성상담소	031－638－7200
한국가정법률상담소 평택안성지부부설가정폭력상담소	031－611－4252
(사)정해복지부설 하남행복한가정상담소	031－794－4111
－ 인천	
(사)인천내일을여는집 가족상담소	032－543－7179
중구가정폭력상담소	032－761－7070
－ 충청북도	
음성가정(성)폭력상담소	043－873－1330
청주가정법률상담소 부설 가정폭력상담소	043－257－0088
청주YWCA여성종합상담소	043－268－3007
충주YWCA가정폭력상담소	043－842－9888
－ 충청남도	
주시가족상담센터	041－854－1366
논산YWCA가정폭력상담소	041－736－8297
대천가족성통합상담센터	041－936－7941
서산가족상담지원센터	041－668－8566
가족성장상담소남성의소리	041－572－0115
－ 대전	
대전가톨릭가정폭력상담소	042－636－2036
대전열린가정폭력상담소	042－625－5441
－ 전라북도	
군산여성의전화부설가정폭력상담소	063－445－2285
남원YWCA가정폭력상담소	063－625－1318

기관명	연락처
한국가정법률상담소익산지부부설가정폭력상담소	063－851－5113
익산여성의전화부설가정폭력상담소	063－858－9191
전주가정폭력상담소	063－244－0227
전주여성의전화부설 가정폭력상담소	063－287－7325
정읍가정폭력상담소	063－535－8223
－ 전라남도	
광양여성상담센터	061－761－1254
목포여성상담센터	061－285－1366
무안열린가정상담센터	061－454－1365
순천여성상담센터	061－753－9900
여수여성상담센터	061－654－5211
영광여성상담센터	061－352－1322
영암행복한가정상담센터	061－461－1366
함평열린가정상담센터	061－324－1366
－ 광주	
송광한가족상담센터	062－452－1366
광주YWCA가정상담센터	062－672－1355
광주장애인가정상담소	062－654－0420
광주여성의전화부설 광주여성인권상담소	062－363－7739
－ 경상북도	
경산가정폭력상담소	053－814－9191
경주가정폭력상담소	053－749－1366
상주가정문제상담소	054－541－6116
안동가정법률상담소부설가정폭력상담소	054－856－4200
영주소백가정상담센터	054－638－1366
포항YWCA가정폭력상담소	054－277－5418
(사)포항여성회부설경북여성통합상담소	054－284－0404
포항로뎀나무가정문제상담소	054－262－3554
포항생명의전화부설가정폭력상담소	054－242－0015

기관명	연락처
– 경상남도	
(사)거제가정상담센터	055－633－7636
고성가족상담소	055－673－2911
(사)김해여성회부설 가정폭력 상담소	055－326－6253
양산가족상담센터	055－362－1366
진주가정폭력상담소	055－746－7988
마산가정상담센터	055－296－9126
진해가정상담센터	055－551－2332
– 대구	
대구여성장애인통합상담소	053－637－6057, 6058
영남가정폭력상담소	053－953－2866
대구이주여성상담소	053－944－2977
대구여성폭력통합상담소	053－745－4501
– 강원도	
사)강릉여성의전화 부설 해솔 상담소	033－643－1982, 5
강릉가정폭력성폭력상담소	033－652－9556, 9930
속초YWCA가정폭력상담소	033－635－3520
원주가정폭력성폭력상담소	033－765－1366
철원가정폭력상담소	033－452－1566
춘천가정폭력성폭력상담소	033－257－4687
태백가정폭력상담소	033－554－4005
홍천가족상담소	033－433－1367
행복만들기상담소	033－344－1366
– 울산	
생명의전화울산지부부설가정·성폭력통합상담소	052－265－5570
동구가정성폭력통합상담소	052－252－6778
(사)울산여성회부설북구가정폭력상담소	052－287－1364
– 부산	
희망의전화 가정폭력상담소	051－623－1488, 1399

기관명	연락처
(사)부산가정법률상담소 부설 가정폭력관련상담소	051－469－2987
부산성폭력.가정폭력상담소	051－558－8833~4
(사)부산여성의전화성·가정폭력상담센터	051－817－4344
여권문화인권센터 가정폭력 상담소	051－363－3838
사하가정폭력상담소	051－205－8296
중부산가정폭력상담소	051－462－7177
〈성매매피해상담소〉 – 서울	
여성인권상담소 소냐의 집	02－474－0746
성매매피해상담소 이룸	02－953－6280
에이레네 상담소	02－3394－7936
다시함께상담센터	02－814－3660
여성인권센터 보다	02－982－0923
십대여성인권센터	02－6348－1318
– 경기도	
성매매피해상담소 위드어스	031－747－0117
어깨동무	031－222－0122
두레방	031－841－2609
여성인권센터 쉬고	031－948－8030 031－957－6117
– 충청북도	
충북여성인권상담소 늘봄	043－255－8297 043－257－8297
– 충청남도	
충남여성인권상담센터	041－575－1366
– 대전	
여성인권지원상담소 느티나무	042－223－3534
– 전라북도	
현장상담센터	063－232－8297
– 전라남도	
목포여성인권지원센터	061－276－8297
순천여성인권지원센터	061－753－3644, 3654

기관명	연락처
여수여성인권지원센터 새날지기	061－662－8297
－ 광주	
성매매피해상담소 언니네	062－232－8297
－ 경상북도	
경북성매매상담센터 새날	054－231－1402
－ 경상남도	
경남여성인권지원센터	055－246－8298
여성인권상담소	055－273－2261
－ 대구	
힘내	053－422－4898 053－425－4898
민들레	053－430－6011
－ 강원도	
춘천길잡이의 집	033－242－8296
－ 울산	
울산성매매피해상담소	052－249－8297
－ 부산	
여성인권지원센터 살림	051－257－8297
부산여성지원센터 꿈아리	051－816－1366 051－817－8297
－ 제주	
제주현장상담센터 해냄	064－751－8297

현장에서의 위기개입의 실제

소진 위기영역

소진 위기 개입 사례 영상

○○구 종합사회복지관에서 사회복지사로 일하는 열심 씨는 약 1달 전부터 개입하는 사례의 클라이언트가 술을 끊는 노력을 하지 않는다며 불평을 하고 자신이 무슨 이유로 이 일을 하는지 모르겠다고 이야기하곤 한다. 회의록이며 기안 작성이 빠르고 항상 일찍 출근하곤 했는데 최근에는 기안 몇 개를 가지고 저녁까지 씨름을 하다가 야근을 한다. 지원을 받지 못하게 된 어떤 클라이언트로부터 전화를 받고 나서부터 더 늦게 퇴근하는 것 같기도 하다. 열심 씨의 선배인 다정 씨는 열심 씨가 걱정이 되어 이야기를 해보기로 한다.

※ SAFER-R MODEL 개입

안정화 단계(stabilize)

– 다정: 열심 씨. 요즘 일이 많은가 봐요, 어제도 늦게 가던데…. 이렇게 맨날 야근하면 많이 피곤하죠? 뭐 도와줄 거라도 있어요?
– 열심: 그게 요즘 일이 손에 잡히지가 않아서….

위기인정 단계(acknowledge the crisis)

– 다정: 빨리 해서 내가 항상 부러워했는데. 혹시 요즘 무슨 일이 있나 걱정이 되네요.

– 열심: 특별한 무슨 일이 있는 건 아니고요. 내가 뭐하고 있나 싶어서요. 지난 번 회의에서 지원하기로 했던 홍◯◯ 씨 가정이요. 결국 홍◯◯ 씨가 다시 술을 마시기 시작했는지 부인이 또 밖에 서성이더라는 이야기를 들었어요. 홍◯◯ 씨가 병원에서 나온 지 이제 1달은 됐나?

– 다정: 그 집도 참…. 우리 기관에서 벌써 오래 전부터 개입한 사례잖아요.

– 열심: 그러니까요. 물론 술 문제가 쉽게 해결되지 않는다는 건 알지만…. 개입할 때마다 이번에는 좀 술을 끊고 잘 사시면 좋겠다고 생각하는데 매번 이런 식이니까 저도 힘이 빠져요. 그뿐인가요? 얼마 전에는 최◯◯ 씨가 전화해서 왜 이번에는 지원 안 해주냐며 얼마나 소리소리 지르는지. 퇴근해서 지하철로 가는데 저 멀리서 최◯◯ 씨가 언뜻 보이는 것 같아서 깜짝 놀랐어요. 밤에 악몽도 꿨어요. 자세한 건 생각 안 나는데 깨고 나니까 식은땀을 많이 흘렸더라고요.

– 다정: 저런…. 밤에 잠은 잘 자요? 밥은 잘 먹고요?

– 열심: 집에 가면 너무 피곤한데 막상 자려면 잠이 안 와요. 그러다보니 맥주 한 캔씩은 먹고 자게 되더라고요. 밥은 너무 먹어서 문제죠. 스트레스성 폭식이라고 해야 하나? 그러다 보니 소화도 안 되고…. 얼굴에 뭐도 많이 나고요. 아침에 일어나면 얼굴도 부어 있어서 짜증나요. 내가 왜 이러고 있나 싶어서….

– 다정: 일을 해도 좋은 결과가 만들어지지 않는 것 같고, 악몽도 꾸고 수면이나 먹는 것에도 문제가 생겼네요. 짜증이 나고 무기력하게 느껴지거나 희망이 없는 것 같기도 하고요.

– 열심: 네. 그래서인지 일도 손에 잘 잡히지 않아 야근을 자주 하고 그러다보니 피곤하고요…. 사실 최◯◯ 씨가 전화 받고 나서는 지하철 가는 길이 무서워요.

이해촉진하기 단계(facilitate understanding)

– 다정: 전화 받았을 때 많이 놀랐나보네요. 우리가 하는 일이 진짜 힘든 일이에요. 클라이언트들이 더 나은 일을 할 수 있도록 여러 가지 지원을 하지만 역부족일 때도 많고 때로는 실망하게 되는 일도 많죠. 때로는 클라이언트들이 마치 우리에게 뭘 맡겨놓은 것처럼 요구하다가 안 되면 비난하기도 하고요. 이런 상황을 계속 접하는데 누구라도 지치지 않겠어요? 그런 걸 우리는 소진이라고 하잖아요. 이상하거나 그런 건 아닌 것 같고, 소진이 되면 너무나 일반적인 현상들인 것 같아요.

– 열심: 그런가요? 요즘은 정말이지 이상하다고 생각했거든요. 제가.

효과적인 대처권장하기 단계(encourage effective coping)

– 다정: 휴식을 취해서 나아지는 경우도 있지만 열심 씨는 단지 일이 많은 것과는 다른 부분이 있는 것 같아요. 열심히 일을 해도 클라이언트가 실망시킨다거나 열심 씨를 비난하거나 하는 상황이 있는 거잖아요. 혹시 병원에는 가봤어요?

– 열심: 아뇨. 무슨 병은 아닌 것 같아서요. 스트레스 때문이잖아요.

– 다정: 그래도 혹시 모르니까 병원에 가보는 것이 좋을 것 같아요. 신체적인 문제가 없다면 그걸 제외할 수 있으니까요. 수면이나 식사의 중요성은 열심 씨도 이미 다 알고 있을 거예요. 잠자기 전에 술 마시는 건 위험하다고 이야기하고 싶어요. 시간이 지나면서 점점 술의 양이 늘어나는 것 알고 있죠? 술 대신 목욕을 추천해요. 그리고 이 문제를 해결하려면 충분한 시간이 필요할 거예요. 그런데, 팀장님은 열심 씨가 이렇게 힘든 걸 알고 계세요?

– 열심: 아직 이야기를 못 해봤어요. 혹시 제가 잘 대처하지 못했다고 생각하실까 봐요.

회복/의뢰 단계(recovery / referral)

– 다정: 팀장님은 우리보다 더 오래 일하셨으니까 이미 겪어보시지 않았을까요? 이 문제가 열심 씨 개인의 문제가 아니라 일로 인한 것이니까요. 저도 이전 직장에서 어떤 할아버지한테 전화로 욕설을 들은 적이 있었는데 그 다음부터 전화 받는 게 무서워져서 상담을 받은 적이 있었거든요. 우리를 힘들게 한 특정한 사건이 있다면 상담을 통해서 도움을 받는 것도 좋은 것 같아요. 때에 따라서는 팀장님과 의논해서 사례를 재분배하거나 하는 식의 대책을 세울 수도 있고요.

– 열심: 고마워요. 다정 선배. 이야기를 하니까 마음이 좀 편해졌어요.

– 다정: 이야기하고 싶을 때는 언제든지 불러줘요. 그리고 팀장님하고 꼭 이야기를 해보세요. 혹시 상담을 받고 싶다면 제가 도움을 받았던 선생님 연락처를 드릴게요.

– 열심: 알았어요. 일단 오늘 퇴근하기 전에 팀장님하고 이야기해볼게요.

저자 소개

육성필

고려대학교에서 심리학 석사를 마치고 서울대학교 정신과에서 임상심리학 레지던트과정을 수료하고 고려대학교에서 임상심리학 박사를 받았다. 로체스터대학교의 자살예방연구소에서 박사후 과정을 하였다. 현재 용문상담심리대학원대학교 위기관리전공 교수로 재직 중이다.

강보경

명지대학교 아동심리치료학과 미술치료전공 석사 졸업후 용문상담심리대학교대학교 위기관리 박사과정을 수료하였다. 현재 이음심리상담센터 공동대표, 서울마포아동보호전문기관 심리치료사로 재직 중이다.

위기관리총서 시리즈 8 -현장에서의 위기개입워크북
위기개입자 소진의 이해와 개입

초판발행 2019년 2월 25일

엮은이 육성필·강보경
펴낸이 노 현

편 집 김명희·강민정
기획/마케팅 노 현
표지디자인 조아라
제 작 우인도·고철민

펴낸곳 ㈜ 피와이메이트
서울특별시 금천구 가산디지털2로 53 한라시그마밸리 210호(가산동)
등록 2014. 2. 12. 제2018-000080호
전 화 02)733-6771
f a x 02)736-4818
e-mail pys@pybook.co.kr
homepage www.pybook.co.kr
ISBN 979-11-89643-22-5 94370
979-11-89643-21-8 (세트)

정 가 9,000원

박영스토리는 박영사와 함께하는 브랜드입니다.